白洲家の晩ごはん

牧山桂子

とんぼの本
新潮社

目次

東京・鶴川の自宅、武相荘の庭でくつろぐ白洲次郎・正子夫妻。

いつものおかず、おいしいごはん

右頁／白洲次郎と正子が暮らした東京・鶴川の武相荘。シャガの花が所々に咲く竹林から望むと、春の陽光が母屋の茅葺き屋根に降り注いでいた。
上／雑木林に囲まれた牧山邸は、武相荘から「鈴鹿峠」と名づけられた散策路を辿った先に建っている。いわゆる「スープの冷めない距離」にいる娘の作る日々のごはんが、次郎と正子の元気の源になった。

鶴川村に育って

私が生まれた頃、白洲一家は、文京区小石川に住んでいました。

父から聞いた話によりますと、最初の東京への空襲は、小石川から見下ろせる神田だったそうです。

それを見た父は、翌日、現在は町村合併や住所表示の変更などで東京都町田市能ヶ谷となっている、当時の南多摩郡鶴川村能ヶ谷に引越したそうです。その小石川の家は、空襲で焼失してしまいました。父は、それ故に戦災に遭わなかったと、自分の早い決断を自慢しておりました。

現在の鶴川の辺りは、まったくといってよいほど、当時の面影はありません。ほんの数ヶ所の大木などに、当時を偲ぶことができる程度です。もっとも、私は小さかったので、その当時の記憶だと思っていることは、後に両親から聞いた話が、自分の記憶として、また私の望みとして、私の中ですり替わっている節《ふし》もあります。

武相荘として公開している我々の暮らした家も、当時の写真を見ると大きく変わっています。

家の中に漂う空気や匂いも、住人が去ったためでしょうか、まったく違うものになりました。

四つ並んでいた茅葺《かやぶ》きの屋根は、茅の入手困難や職人さん不足で次々と瓦屋根になり、茅葺きは母屋を残すだけになりました。

寝る時に毎晩見上げていた吹き抜けの茅葺き屋根の裏側には、一間《けん》ごとに太い梁《はり》が交差していました。その梁の上を走り回るねずみや、それらを狙って来るのか、梁の上を行き来する大きな青大将も、もう見ることはなくなりました。

瓦屋根になった天井には板が張られ、青大将やねずみの代わりに、その節穴を人の顔などに見立てながら、眠りにつく日々になりました。

田舎で茅葺き屋根の家に暮らすというのは、世間で言われるほど、素晴しい日々ではありません。冬の寒さは、家の中でも氷が張るほどでした。暖房といっても薪や炭火しかなく、お風呂や調理も同じです。

しかし、そのようなことが茅葺き屋根にとっては良いことだったらしく、少しでも楽をしようとする浅ましい人間達が、床暖房だ、エアコンだと言い出すと、一生に一度と言われていた屋根の葺き替えも、三十年に一度という頻度になりました。

母の存命中にも、一度、葺き替えなければならなくなり、瓦屋根にしようという話が持ち上がりましたが、母は鬼のような形相で、「私が死んでからにしてくれ」と言い、その気迫に押されて、また茅で葺き替えることになりました。彼女の面目躍如です。

夏は涼しいのですが、ろくな網戸もないので、虫の大群に悩まされる日々でした。

特に、父と私は、虫に刺されると腫れ上がる体質で、同病相憐れむのでした。

当時は人間ばかりでなく、猫や犬も、大事な働き手です。今のペット達にはとてもつとまらないと思える重労働でした。

父が亡くなった後しばらくして、数十年は経っている柿の木が、台風の日に根こそぎ倒れて、見慣れていた庭の風景が変わりました。

倒れた柿の木は、大きくて、父を思わせるものでした。

同様に、母が亡くなってしばらくして、庭先にあった木蓮の大木が、音もなく倒れて枯れてしまいました。その木蓮は、根が残っており、翌年になると若い枝が出て育ち、また白い大きな花が咲くようになりました。

それは、どんな些細なことでも——ゴルフ、マージャンなどの遊びにでも——、固執して諦めることが決してなかった母を、彷彿《ほうふつ》とさせました。

そして、これらのことは、私が子供の頃、近所のいろいろな昔ばなしをしてくれた古老の話を思い出させてくれました。その家の木々を愛していた人が亡くなると、木も悲しんで、一緒に死んでしまうというのです。

そういえば、両親ともに木や植物が好きでした。面倒をみるかどうかは別のこととして、父は、木は生きているのだからと言って、釘などを打ち込んだりすることを極度に嫌っておりました。

母は、じろじろ見ると夕顔が咲かなくなると言ったり、自分が見る最後の花だから、例年になくきれいに咲いて見せてくれたとか、あたかも木や植物に命が宿っているような言動をしばしばしておりました。

しかしその倒れた柿の木も、木蓮も、特に彼等が気にしていた節はないのです。

私が死んだら、木は枯れてくれるでしょうか。

私には、木に申し訳ないことをした経験があります。私共の息子がアレルギーの検査をしたところ、榛《はん》の木のアレルギーだと判明しました。我が家の目の前に大きな榛の木があり、あれが榛の木だと皆で話していたら、枯れてしまいました。台風の日に、我が家に向かって倒れかかり、屋根のへりが凹《へこ》みました。その凹みを見るたびに、申し訳ないと思います。

植木職の青年に、このような話をしたところ、彼も大木を伐った時には、枝で目を突っついたり、何かが起こると言っていました。近いうちに木を何本か伐らなければならないので、心配です。

今のように家が多くなく、遠くまで見渡すことができた頃、外出からの帰り道に、花が咲くと、遠くからおかえりなさいと言ってくれるように見える隣家の山桜がありました。その山桜を事情で伐ることになったと聞き、お願いして、武相荘の入口に移植しました。

ところが、樹齢数十年と思われるその山桜は、引越し先がお気に召さなかったのでしょうか、年々元気がなくなり、とうとう幹にきのこまで生えて来てしまいました。

前述の植木職の青年に相談すると、前世は木であったかのような樹木医の先生を連れてきてくれました。彼は的確に患者の状態を把握し、手当をしてくださいました。山桜は、日に日に元気をとりもどし、一年あまり後、見事に快復しました。母の大好きだった、どろ亀先生（編集部注・森林学者の高橋延清氏。泥にまみれて森の懐深くに分け入る姿からこう呼ばれた）を思い出しました。

幼少の頃から、鶴川の農村しか知らず、遊びといえば、川や田んぼや木々の自然が相手。それなりに楽しく暮らしていましたが、成長するにつれて、両親の話や、我が家を訪れる客人達、終戦後何年かして再び夏に滞在するようになった軽井沢での日々などから、漠然と察することのできる都会の暮らしに、興味と憧れを抱くようにもなりました。

今まで楽しかった日々も色褪《いろあ》せて見え、かといって両親に田舎暮らしのつまらなさを毒づいたりする勇気もなく、面白くない時期を過ごしました。今思うと、反抗期というものだと思います。

結婚してから、多少の都会暮らしも経験しましたが、やりたいとか欲しいとか、思っているうちが華で、手に入ると、思っていたほど楽しいものではありませんでした。

数年の後に、鶴川の私の育った両親の家の近所に帰ってきました。

代々、その地で暮らして、ここがふるさとと言えるような場所を持たない私ですが、一番長く暮らした地である鶴川が気持ちのうえでの私のふるさとです。母に、彼女のふるさとはどこかと聞いたことがありますが、彼女の返事は、長い間暮らした家ではなく、彼女の父と夏を過ごした御殿場だというものでした。世界遺産の三保の松原のように、富士山と御殿場がセットになっているようでした。人さまざまです。

時々、大根やみかんの皮、キャベツの外皮、枝豆のさや、とうもろこしの皮などを、台所の窓から投げ捨てたりすることがあります。

使用済みの揚げ油を、穴を掘って流し入れることもあります。ほうきで家の中を掃いて、そのまま外へ掃き出すこともあります。

しばらくすると、それらは跡形もなくなっています。都会のマンション暮らしだったら、いったいどうするのだろうと思います。

相変わらず家の周りには、ねずみどころか、たぬき、ハクビシン、最近ではアライグマも出現し、毎日を過ごしています。


夜が明ける頃には、鳥が屋根の上をカツカツカツという足音をさせて歩き回り、どんぐりの季節には、実に正確なリズムでポッテンコロコロと屋根の上に絶え間なく落ちてきます。

羊を数えなくても、眠りに入ることができます。

武相荘の母屋脇の涸れてしまっていた井戸が数十年ぶりに復活。地下から汲み上げる井戸水で夏野菜を冷やす。

次郎・正子の食ばなし

父は、人生で一番、食というものが個人の中で確立するであろう十代の後半からの十年近くを、家族と離れてイギリスで過ごしました。

そのためでしょうか、「おふくろの味」を懐かしんだり、子供の頃に食べた何かを食べたがったり、ということはありませんでした。

唯一、子供の時の思い出ではないかと思う料理に、鰈《かれい》の煮付けがありました。

鰈の煮付けを盛るお皿は決っていました。母が大の陶器好きと言っていた、彼女の母親の注文で作ったらしい織部のお皿で、裏には母の実家の名前が入っていました。

最近、そのお皿を取り出してみましたところ、鰈の煮付けを食べる人が逝って、頻繁に使用されていた頃の面影はなく、随所に欠けが見られ、すっかり尾羽打ち枯らした老人のようになっていました。

先日、ふと思いついて、鰈の煮付けを作ってこの皿に盛り付けてみましたが、魚の煮付け嫌いの夫が見ていたせいもあり、何だか寂しい夕食になりました。

他の料理を盛ってみても、この皿は鰈の煮付け以外を拒否していいます。しかし何だか捨てられません。

イギリスだけが理由ではないと思いますが、父は総じて食べる物には大雑把で、出された食事には文句を言わず、黙々と平らげていました。

対照的に母は、十四歳からの四年間をアメリカの学校で過ごしましたが、父とくらべて期間が短かったせいでしょうか、子供の頃に食べた物を、しきりに懐かしんで食べたがりました。

彼女が人生で最初に衝撃を受けたおいしい食べ物とは、彼女の祖父が初代の総督を務めた台湾から持ち帰ったと思われる、からすみとライチーでした。それに、一族の故郷である鹿児島風と思われる、卵焼きでした。

彼女の記憶の中で、それらはどんどん、とてつもなく素晴しく、おいしい物に成長していきました。

からすみは、どんなに私がおいしいと思ったものでも、台湾のからすみはもっとおいしかったと言い張りました。私は母に、嫌なら食うな、とよく言ったものです。

ライチーは、彼女の存命中には現在のように流通が発達していませんでしたので、冷凍ものしかありませんでした。

それでも彼女は、売っているのを見かけると、よく買って来ました。中華料理店でも、メニューに載っていると必ず注文したものです。

食べ終わった後のいつもの言葉を彼女が発する前に、台湾の方がおいしいんでしょ、と先手を打って、嫌な顔をされたものです。

卵焼きも、私が母の実家で教えてもらい、とうとう卵焼き器までぶん捕って来て作っても、母は満足することはありませんでした。

自分がやりもしない仕事を批判するのは良くないことだと、しばしば父と語り合い、私は溜飲を下げていました。

夏が来るとよく見た光景があります。母は、取れたての、爪が黒くなっていない天豆《そらまめ》の茹でたのを家の各所に置き、通りかかるたびに一握り取って食べていました。平素はお酒を飲むことのなかった母ですが、天豆の時期にはビールを飲んでいました。

そういえば、父の数少ない「思い出の食べ物」に、イギリスでしばしば食べたらしいローストビーフがありました。母と違い、家のほうが肉がおいしいと、喜んで食べていました。

ドーバーソールというものも好物で、しきりに食べたがりましたが、生憎、日本にはなく、どんなものだろうと思っていました。父とロンドンに行った時に食べてみましたところ、肉厚で大きなとてもおいしい平目でした。

父の死後、ロンドンに行く機会があり、同じレストランで

初夏の白洲家の“風物詩”、天豆とビール。正子のこの時期だけのお楽しみ。

食べてみましたが、びっくりするほど小さいものになっていました。聞いてみますと、以前のように大きなものはもう獲れなくなってしまったとのことでした。

父の鰈好きは、ドーバーソールに起因しているのかもしれません。

長い間の西洋暮らしで当たり前ですが、彼は上手にナイフとフォークを使うことができました。好物のローストビーフを器用に食した後、続いて、テーブルの上にあった小ぶりのナイフとフォークを手にとり、りんごの皮を剝いて食べるのを見て、びっくりしたこともありました。

父と母がナイフとフォークで食事をしているのを見ると、明らかに違っていました。イギリスとアメリカの違いかと、妙に納得したのを覚えています。

今から思うと、むしろ、彼等が育った環境のせいかとも思いますが、父はナイフとフォークの柄の端のほうを持って、ナイフを持ったほうの手首を立てぎみにしながら、彼の好きだった大工仕事を彷彿とさせる仕草で、肉を切ったり、魚の骨を外したりしていました。

それにくらべ、母はナイフとフォークで肉などを切ってから、右手にフォークを持ち替えて食べていました。母の不器用のためかと思っていましたが、ある晩のこと、父が「お前のおふくろの食い方をみてみろ、育ちの悪さが露呈している。だから×××で教育を受けた奴は困る」と言い出し、一触即発の雰囲気になりました。そのとたんに、父が大きなくしゃみをして、口の中に入っていたものがテーブル一面に飛び散り、一件落着となりました。

父の大好物には、茹でた栗と、子持ちのいいだこの煮付けもありました。

不思議なことに、大雑把だった父なのに、茹で栗と蒸し栗の差は口に入れた瞬間に理解することが出来て、茹で栗でなくてはならないのでした。

栗好きが昂じて、栗の木を何本も植えて、毎年収穫を楽しみにしていました。

茹でた栗を、あまりにも栗と似た色の益子焼きの鉢に山盛りにして、その前にどっかりと腰を据え、彼が蛮刀と呼んでいた、栗剝きのために研ぎすました小刀で一つ一つ丁寧に剝き、栗の皮の山を、鉢のとなりに築いていくのでした。

私の覚えている限りでは、テレビの「水戸黄門」が始まってから終わるまで、食べ続けていたのが最長時間です。

どうして、どこまでが栗でどこまでが焼き物だか区別のつかない器に栗を必ず盛るのだろうと思って父に聞きますと、彼は、お前のおふくろの選んだうつわはわからん、の一言でした。要するに、ただ手近にあった鉢だと思われます。彼が自分の妻を非難する時は必ず、「お前のおふくろ」と言っていました。

パリの街角で売っている焼栗には、彼の栗好きの要因の一つと考えられる、刃物を研ぐことから始まる剝く楽しみがないせいか、まったく興味を示しませんでした。

鶴川の家の辺りには、野生の栗の木が数本あり、その実は甘くてとてもおいしいのですが、大変小さくて、父の親指の先ほどもありません。父の大きな手に対してあまりにも小さく、彼が皮を剝くと、ほとんど食べるところがなくなってしまうほどでした。

剝くという、彼の趣味の一つになっている楽しみが得られない様子でした。

彼言うところの「お前のおふくろ」は、あの人には小さな山栗のおいしさなどはわからないのよ、と言っておりましたが、父に対する観察眼は私の方が上でした。

いいだこはと言いますと、彼にとって子持ちの甘辛煮でなくてはなりません。季節になると、おすし屋さんやお料理屋さんのカウンターにいいだこを山盛りにした鉢が出現します。

おすし屋さんに行って、小さなコップのビールを一気に呑み干し、コップをカウンターに置かないうちにお銚子を注文し、お猪口では計《はか》が行かんと湯呑み茶碗にお酒を注ぎ入れ、憑かれたように、いいだこを貪り食うのでした。

儲からない客です。

私にもさかんに作ってくれと言っていましたが、どうも私には柔らかく上手に煮ることができず、コレステロールが多いから、あまり食べると体に悪いよなどと、ごまかしていました。

何か作り方のコツがあるのでしょうが、いいだこは私にとっては父ほどの大好物ではなかったので、熱心になれませんでした。

父母から教えられたこと

私は十代の頃から、イギリスに長年暮らしたためではないかという父とは違う理由で、「おふくろの味」とか代々家に伝わる料理とかとはまったく無縁のまま、大人になりました。

母は、彼女の育った環境からでしょうか、家事という行為を一切しない人でした。

父はそれを不満に思い、母のような人間にはなるなと、私には言い続けていました。

母は母で、自分の味方が家族の中に欲しいと思ったらしく、何か自分がこれだという好きなことを見つけて、それを生涯続けられる仕事にしろと、しばしば私に迫ってきました。

そう言われましても、そんなものは探しても見つかるはずもなく、自分の能力などとっくの昔に解っているうえに、生来のなまけ者なのか、父に同情して、仕事などしないほうが良いと自分を納得させていたのか、私は結婚する前から三食昼寝付きのような日々を送りました。

幸か不幸か、まったく後悔はしておりません。

そのかわりというわけではないのでしょうが、両親は、さまざまなお店に食事に連れて行ってくれたり、いろいろな地方のおいしい食べ物の話などを、その地方の習慣や風景などを交えて話してくれたりしました。

おいしいものを食べに連れて行ってくれるのはよいのですが、そのたびに、姿勢がどうの、食べ方がどうの、お店の人に対する態度がどうのと、絶え間ないお小言には、閉口しました。

当時はうるさくて嫌だなと思っていましたが、最近になって、自分の力で培ってきたと思っている事柄の多くは、両親が口にしたり、口に出さずに示してきたりしたことからつながっているのではないか、と思える時があります。気がつかないふりをしても、やはりそれが事実なのではないかと思う

軽井沢から持ち帰ったもののなかなか根づかなかったクレソンは、復活した井戸の水を流して水耕栽培にすると、元気に育ってきた。

ようになりました。

両親に対しては、教えてくれなかったことや自分にしてくれなかったことばかりが目に付き、不満に思うのですが、最近、そうでもなかったと気がつきました。年を取るのは「年を取る」という名の病気だと、母は言っておりましたが、年を取るのも良いことがあるわい、という気分です。子供は親を選べないと言いますが、同様に、親も子供を選べないのです。

まあ年を取るのも良いことがあるわいと、思いたいのは、年を取って不愉快だと思う気持ちを無理に押しやりたいのではないかと思います。

両親から口に出して言われたのか、両親のやり方を見てそうなったのか、改めて考えてみると、すでに区別がつかなくなっていることがほとんどですが、例をあげてみますと……。

お店の人にいばるなとか、お給仕の人にはできるかぎりありがとうと言えとか、帰る時には、ごちそうになった訳ではないので、ごちそう様と言うなとか、いつも行く馴染みの店の新装開店にお招ばれしたら、いつもそのお店で払う金額よりちょっと多いご祝儀を包むものだとか、数え切れません。

父の言うことに、色々と反対することの多かった母が、外で食事をした時に、決してごちそう様でしたと言わなかったのが、心に残っています。もっとも、父に言われたからではなくて、彼女も同じ考えだったのかも知れませんが。

若い時には食卓で母と二人で食事をする時にでも、失礼と言ってから上着を脱いだという父ですが、私の知っている限りでは、夏は浴衣、冬はその上にどてらを着て食卓につくといった具合でした。自分が行儀もなにもあったものではないありさまでしたので、家では、食事時にあまり口うるさくありませんでした。

二人とも、見栄っぱりだったようです。

世間様が、あの人達ならしょうがないと、様々な彼等のやり方を許してくださったように思えます。彼等ではない私は、世間様が許してくださることと、そうでないことを判別したいと思います。

時折、父は食事の後に、私に財布を手渡して、お勘定を支払わせることがありました。

精神的に、両親と決して近かったとは言えない私にとって、何か父親に近づいたように思えてうれしく、いつか自分も子供に同じことをしてやろうと思って、やってみると、確かにやる方も楽しいものでした。

食べ物の好き嫌い、また、おいしいと感じる食べ物は、各人で大きな差があると思います。しかし、自分と食べ物の好みが違うと、その人の人間性まで疑いたくなるのは、良くないこととわかっていても、どうにもなりません。

食べ物に限らず生活全般の好み、不愉快に感じることが同じ人で、おいしいとかまずいとかいうことが異なったことは、ほとんどありません。

メディアで感じの悪い人がおいしいと言っていても、それを食べる気にはなりません。評判になった有名店だからといって、そこへ行って来たという満足感と人に自慢できるという優越感のために、食べに出かけたりしたくはありません。

また、食事は、お腹がすいたから食べる、というのでは、何か物足りない気がします。

今日は何をするのだっけ、と思いながらする朝食の仕度。午後の活力のための昼ごはん（と言いたいところですが、おおかた前日の残り物です）。済ませたとたんに眠くなるのは、私だけでしょうか。

そして夕食は、時にその日の出来事にぴったり合うと、幸せな気分になります。

たとえばクラシック、ロック、沖縄音楽、ジャズなどのコンサートの後でする食事は、それぞれ違うと思います。歌舞伎、お能、展覧会、スポーツなどの後にはしばしば、どういう食事にしようか、決めかねることもあります。

もっとも、いざ食事が始まると、何を見たとか、何を感じたかなどはケロリと忘れ、料理とお酒に没頭するのが常です。だからといって、本能のままに食欲を満たし、その挙句太ったと言って、痩せるためにまたお金を使うというのには、何か抵抗を感じます。

人間の本来の本能からすれば、野生動物と同じように、醜く太るまで食べることはないと思うのですが、人間は私を含めて、脳と胃袋の連絡が切れているとしか思えません。

私も年を取るにしたがって、代謝が落ちるせいでしょうか、お腹周りばかり太り、スーツの前のボタンがとまらなかったり、ウエストがきつかったりしています。マスコミでは痩せ薬や運動器具の広告が花ざかりですが、世界中でたくさんの人達が飢えているのにと思い、何か矛盾を感じます。

季節のこと、食材のこと

私のように、山の中の猿のような暮らしをして育って来た人間は、都会で育った人達より、季節がいつも身近にあり、その移り変わりにも敏感でした。

かつては現在より春夏秋冬の境目がはっきりしていたような気がします。一夜にして木々の葉が全部落ち、その上に霜が降りて白くなり、秋から冬に切り替わるのも、何度も見たことがあります。

冬から春に変わるのは、昼間です。遠くから見ると、木々が紫色がかって来て、春を感じさせます。近くで見ると、刻一刻と木々の新芽が出て来るのが見て取れます。

春から夏に変わるのはゆるやかで、夏から秋へは木によって紅葉する時期が違って、これもゆるやかです。

畑や、田んぼがたくさんあった当時は、季節の進行と足並みを揃え、農産物の収穫が始まります。

秋の紅葉も、愛でるより、冬への仕度を促す合図でした。

紅葉が終わりに近づき、落葉を集めたたき火ののろしがあちこちに上がり、火が落ち着くと同時に、さつまいもが入れられます。今のようにアルミ箔などなく、そのまま入れるので、とり出した時に皮が真黒になっている、まだ熱いさつまいもを食べるのは楽しいものでした。

のろしの上がっている場所の見当をつけ、次々とその場所を訪れてみると、必ずお相伴にあずかれたものです。

季節によって、各家の畑で作っているものが違い、順番に畑をたずねると、色々な野菜をその場で手渡してくれ、畑で食べたものです。

秋には寒さが日一日と厳しくなり、冬らしくなっていくと、柿の木の葉が全部落ちて、赤くなった柿の実だけが残ります。柿の実の生《な》っている枝をはさんでねじって折れるように先端を細工してある竹を持ち、上を見上げ、秋の真青な空を背景にした赤い柿の実を、首がおかしくなりながらも採ったものです。柿の木は折れやすいので、登るのは禁じられていました。

柿の木のてっぺんにある柿の実は、残しておかなければなりません。神様が食べる分だそうです。

最近では、柿の実が赤くなっても葉が落ちないのです。異常気象でしょうか。葉が紅葉して落ちると同時に、柿の実もしなびて落ちてしまいます。神様もお困りでしょう。

養蚕のために、あちらこちらに桑の木が植えてありました。

蚕が食べるのは葉っぱで、小さなぶどうの房のような実は、それはそれはおいしいもので、私のものでした。熟れて落ちて来るのを待って、毎年お腹をこわすほど食べて、もう食べてはいけないと言われていましたが、誘惑には勝てず、内緒で食べていました。しかしどういう訳か、すぐに発覚してしまいます。それもその筈です。桑の実はその濃い紫ゆえに、食べると御歯黒のように口の中から唇まで真黒になるのです。

今でも、細々と残っている桑の木に実が生ると、熟れるのを待って、食べようと思うのですが、いつも鳥に先を越されてしまいます。鳥も以前とは違い、食べ物にお困りのようです。

今年（二〇一三年）の秋は、冬に向って、紅葉していく木々の様子が例年と違っていました。

毎年繰り返すために、ほとんど順番を覚えてしまっていますが、いつもは最後に紅葉が始まる場所のもみじから色づきはじめました。それも徐々にではなくて、ある日、驚くべき早さで一斉に赤く染まりました。

それはそれは見事な眺めで、心に残りました。

異常気象は、悪い方にしか作用しないという固定観念があったのですが、こんなに見事なのは何故だろうと考え始めました。

私なりに、自分が満足する結論を導き出しました。

これまで長い間に、木々が日光を求めて、お互いにせめぎ合って高さを競い、戦いに敗れて、日光が当たらず枯れていく様が多く見受けられるようになりました。あまりのことに、今年に入って、大きくなり過ぎた木々の枝おろしをしてもらいました。

その結果、上にのびるのが得意ではなく、日光が当たらず長い間我慢して枯れずに頑張ってきたもみじの一群にも光が降りそそぐようになり、見事に紅葉したのではないか、というのが私なりの結論です。

今年、私にとって悲しい出来事がありました。子供の時から毎年花を当たり前のように見て来た山桜の大木が、二本も枯れてしまいました。

もっと早く気がつけば何かしてやれたのに、と思い後悔しましたが、山桜の下で、今まで紅葉もしないうちに葉を散らしていたもみじが、初めて見事な秋の顔を見せてくれました。山桜が枯れて悲しかった私の心を慰めてくれた上に、山桜が遺してくれたプレゼントを受け取ったような気がして、満たされた気持ちになりました。

その反面、毎年血のように赤く染まる別のもみじが、あまり色づかないうちから葉が落ちはじめ、半分以下になった葉がどす暗い赤になり、あっという間に散ってしまいました。

原因は、いくら考えてもわかりません。

当座は、長い間の紅葉の王座を、初めて日が当たるように

春の恵み、山盛りの山椒の葉。鶴川での暮らしは、季節がより身近にある。

なった他のもみじに譲ってあげたのだと思うことにしました。

また、今年は長い間見ることができなかった光景を見ることができました。

柿の葉が虫くいの穴も模様に見えるほどに色づき、実を残して葉がすべて落ち、久し振りに抜けるような秋の青空を背景に、赤く熟した柿の実を見たのです。てっぺんの実も残り、神様もお喜びと思います。

両親が暮らした家を武相荘として公開していますが、訪れてくださる方達のための駐車場がありません。散々考えた末に、駐車場を作ることにしました。それには数本の木を伐らなければなりません。

申し訳ない気持ちをどうしたらよいのか困っています。

やはり困った時の神頼みでしょうか。

同じように木に対する気持ちを持っている人に、どのように自分の心を納得させるのか、聞いてみたいと思います。

震災以前、以後のこと

東日本大震災の日、私は幸いなことに、我が家の近所のスーパーの地下駐車場におりました。都心に出かけていたら、どうしていただろうかと思います。

地下は地震の揺れが小さいと言われているように、あまり揺れを感じませんでしたので、あのようなおおごとだとは思ってもみませんでした。しかし帰路の車中で、ラジオから聞こえて来る状況は、ただならないと感じました。

我が家に近づくにつれて、信号も消えていて、停電なのだと解りました。

築五十年の武相荘が心配になり、行ってみますと、不思議なことに、茅葺き屋根の部分の中は、置いてある物も何一つ倒れることもなく、何事もなかったようでした。

それにくらべ、後に建て増した部分の部屋は、本棚が引っくりかえって、扉に倒れかかり、開かなくなったりしていました。

夜になっても、電気はつかず、小さな子供達のいる我が家では、薪ストーブのある一室に集って、夜を過ごすことになりました。

つい何度も電気のスイッチに手がのびて、いかに平素電気に頼って暮らしているかがよく解りました。

その部屋に、布団を運び込み、ありあわせのもので、晩ごはんを済ませました。

孫達は、外が明るい間は、いつもと違う状況を楽しんでいる様子でしたが、暗くなってくると、不安になって来たようで、怖いなどと言い出しました。

私が子供の頃は、まだ頻繁に停電があり、よくローソクを使っていました。何も捨てない両親だったゆえに、その頃のローソクが、曲ったりしながらも、まだ残っておりましたので、一計を案じてそのうちの何本かに火をつけ、ハッピーバースデーとかメリークリスマスなどと言っているうちに、ローソクの明かりに見入ってしまった孫達は、怖いのを忘れてしまいました。

鶴川の家には、網戸などがまだ普及していなかった時代にどこのお家にもあった蚊帳《かや》が残っております。それまで何度も処分してしまおうかと思ったり、最近よく見かける蚊帳ふきんにしてしまおうかと思ったりしていましたが、今回の震災を機に、取っておくことにしました。夏に停電となれば冷房もなく、窓を開ければ蚊の大群に襲われるのは必至だと思ったからです。

夜になっても蒸し暑い夜に、窓も開けっぱなしで、蚊帳の中で過ごしたのを、つい昨夜のことのように思い出しました。

使わなくなったものを取っておくのも良いことだと思いましたが、同時にそれを自分への言い訳にして、「片付けられない女」度が加速しないよう、戒めなくてはと思いました。

私が小さかった頃から、父はよく火の焚き方や、炭のおこし方、のこぎりや金槌、鉈《なた》などの使い方を教えてくれました。竹林から竹を伐り出し、短く切り、鉈で細かく割り、おこした炭であぶると曲るのを、びっくりしながら見ていたこともありました。

このたびのように、停電などがありますと、あの頃に教えてもらったことが役に立っていると感じます。

最近、孫達はしきりに暖炉の火をいじりたがります。子供が火遊びをすると寝小便をするから駄目だなどと、昔からの言い伝えを思い出して、喉元まで言葉が出かかるのですが、私が父から火のおこし方を教えてもらったのは、彼女達くらいの年頃だったのを思い出し、思い切って教えることにしました。自分達の小さな椅子を暖炉の前に据え、燃えさかる火に顔を赤くさせて、熱心に私の注意に耳を傾けながら、火を操る彼女達を見ていると、私の子供の時を思い出します。

父は、暖炉の前で火を見ながら、色々な話をしてくれましたが、何も覚えていません。頭の中のどこかに残っていて、自然に私の人生に役に立っていることを望んでいます。

その後、私たちの住んでいる地区には、計画停電が始まりました。すぐ隣りの町は停電などないのに、と思い、嫉妬の

武相荘の竹林に顔を出した筍。掘り出して、炭火焼にしたり木の芽和えにしたりして、おいしくいただく。

火が心の中に燃え上がるのを抑えることの出来ない自分に、嫌気がさしました。

家では、夕方早くお風呂に入ったり、食事をしたりと、それなりに対処しましたが、武相荘でたくさんの皆様が喜んでくださったお弁当は、震災を境にお出しできなくなってしまいました。

近いうちに、関東でも大きな地震があるだろうと言われています。

私なりに何か備えなければと思い、水や缶詰などを、少しずつ揃えることにしました。しかしあまり古くなる前に、食べ切らなくてはならないので、平時にでもおいしく食べられる缶詰などを探すのに、苦労しています。

震災までは、筍、ふきのとう、茗荷、山椒など我が家の周りのものを、何も考えずに楽しんで食べていました。大手のスーパーで売っているものは、検査済みだと思いますが、放射線量が気になると、あまりおいしいと思えなくなり、食べるのを躊躇するようになってしまいました。

しかし、幸せなことに、線量を計ってくださるM教授のおかげで、安心して再びおいしく食べられるようになりました。

私が、畑で野菜の立ち食いをしていた頃は、化学肥料や農薬の心配などはなく、食品の危険度など考えたこともありませんでした。もっとも当時の肥料には別の問題がありましたが。小さな子供達の将来のために、なるべく安全な食品をと思う毎日です。

両親に、関東大震災の時にどうしていたかを聞いたことがあります。

大学生だった父は、ロンドンの知り合いの家に滞在していました。

ある朝、目が覚めると、そのお宅の御夫婦が、ベッドの側に新聞を持って立っていて、可哀想にと言いながら、新聞を広げて父に見せました。父の寝ぼけまなこに、日本とはまったく通信不能となった、日本全土海中に没す、という見出しが飛び込んで来ました。

彼等は、父に今までどおり大学生活を続けさせてあげるから、一人ぼっちになっても何も心配することはないと言ってくれたそうです。父にその時どう思ったか訊いても、ただ黙って首を横に振るだけでした。

母は、彼女の両親と、御殿場に滞在していました。

あの日は、いつもは涼しい御殿場の朝が、蒸し暑くどんよりと曇った空に被われて、犬がさかんに吠えていたそうです。東京に行く予定だった彼女の父は、動物のように何かを感じたのでしょうか、外出をとりやめました。

十三歳だった母は、地震より流言蜚語《りゅうげんひご》の方が怖かったそうです。

武相荘
RESTAURANT & CAFE
BAR & Gallery
PLAY FAST

夜の武相荘へようこそ。長屋門を入ってまず迎えてくれるのが大きな柿の木。秋にはたわわに実る赤い実を、著者は竹の棒で落としては食べた。右手の別棟は次郎のかつての工作室。2014年12月、レストラン&カフェとして生まれ変わった。

自宅、武相荘での白洲次郎・正子夫妻。

いつものおかず、おいしいごはん

白洲家の〝食事係〟はいつも娘の桂子さんでした。その手料理は、何か特別な材料を使っていなくても、多少手抜きをしようとも、ほんとうにおいしいのです。あれが食べたい、これが食べたいとウルサイ父母を満足させた料理やその後に工夫を重ねた定番のおかずなど、日々の食卓を彩る桂子流クッキングの数々をご紹介します。

- p26〜57、p86〜113に登場する料理はすべて、著者、牧山桂子氏によるものです。
- 作り方は著者による調理手順です。材料の分量や味つけなどは各家庭で異なると思いますので、作る際のヒントとしていただければ幸いです。

菜の花おひたし

あまり確かな記憶ではないのですが、私の子供の頃は、菜の花を食べるという習慣は鶴川の辺りではなかったような気がします。

　辛子和えやおひたし以前に私の中での鮮烈な菜の花の記憶は、辺り一帯に春が来て、あちらこちらに菜の花が咲き乱れる頃に、母が茶色の八角形の壺を出してきてたくさんの菜の花を活けていた時のこと。翌日になると菜の花は伸びて形も変わり、花びらもたくさん落ちて、閉口していました。

　先日、長い間見ていなかった戸棚を開けたら、奥にその茶色の壺が眠っていました。何だか可哀想でそのままにして、そっと戸を閉めました。

作り方

書くほどのことはありません。皆様と同じようです。菜の花は新しいのが命です。辻留さん（辻嘉一氏）の本を読んでから、お出しと醤油につけることにしました。簡単なものほど難しいです。

少し以前と変わってきましたのは、茹でないで蒸していることです。茹でますと何かおいしいところと栄養が流れていってしまうような気がします。

逆に言えば、悪いモノが出ていってくれないという多少の不安もあります。

筍の木の芽和え

毎年筍の時期には必ず作ります。木の芽だけではきれいな緑色にならないために、本などにはほうれん草を茹でて擂《す》り混ぜると書いてありますが、大きな山椒の木がありますので、この時ばかりは都会から離れて暮らしている幸せを感じます。大きくなり過ぎた山椒の木を伐って作ったすりこぎで山椒の葉を擂っていると、心なしか、香りが倍増するように思えます。

作り方

筍は茹でて薄味で煮ておく。
木の芽を擂り、白味噌、酒、みりんを加え、さらに擂る。
筍の水分を切り、和える。
木の芽を飾る。

ふきのとうの煮もの

春の兆しが見える頃に、冬の最後の雪が降り、その雪が溶けかけて、何故か土が丸い輪を作った真ん中に、ふきのとうが出現します。あまりお酒を飲まなかった母ですが、採ってきたばかりのふきのとうを細かく切り、お気に入りの小さな古九谷の皿につけ、小さな宴会を催すのが常でした。私もその小皿が大好きで毎年くれくれと言い続け、とうとう手に入れました。メディアでふきのとうに発癌物質が含まれていると発表された時の彼女の怒りに燃えた表情が忘れられません。

作り方

ふきのとうはさっと茹で、冷ました後、ぎゅっと搾り、酒と醤油で水分がなくなるまで煮る。

豆腐の田楽

父は豆腐を決して口にすることはありませんでしたが、母にねだられて、毎年、青竹で田楽用の串をぶつぶつ言いながら作っていました。

一度使うと焦げ目がつき、捨ててしまうので、残念ながら父の作った串は残っておりません。

作り方

木綿豆腐は水を切って、食べやすい大きさの長方形に切り、キッチンペーパーの上に並べ、残った水分をさらに切る。

筍の木の芽和えと同様に木の芽を擂り、白味噌、酒、みりんで味をつけて山椒味噌を作る。

豆腐を串に刺し、両面を焼き、山椒味噌を塗り、木の芽を飾る。

冷奴
おろし生姜、揚げ小エビ添え

別に目新しいことではないかもしれませんが、豆腐は味がほんのりとしていて、あまり強い香りや味が薬味にあると、まったく味を感じることができません。

もちろん好みはあるでしょうけれど、冷奴に鰹節などは生臭くなりますが、湯豆腐の場合は感じません。葱やしその葉は強過ぎるように思えます。不思議に小エビの揚げたものは邪魔になりません。

あくまでも、私の主観です。

作り方

ただの冷奴です。

煎り豆腐

母が亡くなるまで側にいてくれた長坂さんがよく作ってくれました。料理をまったくしなかった母の代わりのように、私に様々なお料理を教えてくれました。

作り方

木綿豆腐はほぐして水を切る。人参は千切り、椎茸（生でも戻した干椎茸でも可）も千切り、葱は小口切り、しらたきは茹でて適当に切る。

そのほかグリーンピース（ここでは冷凍品です）、卵、鶏挽肉、豚挽肉、塩鮭などなんでも。いんげん、木くらげ、春雨なども。

挽肉を炒め、しらたき、人参、椎茸を次々加え、豆腐も入れて、出し汁、酒、塩、みりんで味をつけて、汁気がなくなるまで煎りつけ、グリーンピースも入れ、溶き卵を回し入れる。

葱を最後に入れる。

こんにゃくのピリ辛煮

子供の頃は、こんにゃくなど食べたこともなく、また食べたいとも思いませんでした。今でも武相荘に名残がありますが、根っこがこんにゃくになるちょっと不気味な植物があり、そのこんにゃく玉を掘り出して、擂りおろし、石灰を混ぜてまるく丸め、茹でて水にさらす工程を毎年飽きずに眺めていました。その時は食べるものだとは思いませんでした。大人になって食べてみると、思いのほかおいしく、カロリーがなく、その上お腹のお掃除になるなどと良いことずくめの食べ物だと認識いたしました。

さて自分で煮てみると、こんにゃく自体には味がなく、味をつけようと思うと、想像以上に濃いお出しが必要だとわかりました。

今ではお気に入りのおかずです。

作り方

こんにゃくは手でちぎり、茹でる。鍋に濃いお出し、薄口醤油、みりん、酒、塩少々、唐辛子の小口切り、茹でたこんにゃくを入れ、水分がなくなるまで煮る。

武相荘の庭ににょきっと立つこんにゃくの花。7年に1度くらい咲く。匂いも強烈。

スペアリブ

私のぼんやりとした記憶では、初めてスペアリブを見たのは、終戦後しばらくして進駐軍の誰かの家に父に連れられて行った時のこと、今から思うと庭でのバーベキューのような時だったと思います。そこで食べたのは牛のスペアリブで、長いのをそのまま焼いて一本ずつ切り離して食べたと思います。その時のおいしかったのが忘れられないせいでしょうか、今でも骨にこびりついた肉にかぶりつくのが好きです。

　両親は入れ歯のせいでうまく食べることができず、あまり好きではありませんでした。

　まったく余談ですが、最近顎関節症なるものになり、スペアリブにかぶりつくとあごが痛くて、入れ歯とは違いますが、食物を食べる時の不具合に閉口し、両親の気持ちも多少は理解できました。これからの残りの人生、ずっと骨付きの肉は食べられないと覚悟しましたが、そこは情報社会の現代で、インターネットで調べてみますと、自分でできる治療法などが出ており、試してみると二、三日でほとんど気にならなくなりました。

作り方

豚のスペアリブは醤油、酒で下味をつけ、片栗粉と卵を混ぜた衣をつける。油を熱し、からっと揚げる。熱いうちに酢豚のように甘酢をからめる。

葱の千切りをのせる。

あさり入り茶碗蒸し

我が家の孫達もご多分にもれず、茶碗蒸しが大好きです。貝類が好きな子供というのはあまり聞いたことがありませんが、彼女等は大好物です。

何故かわかりませんが、彼女等がお母さんと実家に帰ると食べられる物のレパートリーが増えていきます。何か私にはわからない秘密があるようです。

私は父に似て、主に台所用具ですが、機械が大好きです。次々と新しい製品が登場し、そのたびに欲しくなって困ります。そんなに次から次へと買ってはいられませんのでよく考えることにしています。その結果残った物の一つがヘルシオです。おかげで前は苦手だった茶碗蒸しが上手にできるようになりました。

大人の目には心地よい木の芽は、子供達には余計な物のようです。

作り方

あさりを味噌汁にする時のように火を入れ、口が開いたものから取り出す。冷ました汁に酒、塩少々で味をつけ、卵を溶いてよく混ぜる。あさりを戻し、蒸す。蒸し上がったら木の芽を散らす。

揚げとうもろこし

私が子供の頃から知っている、親同士も友人だった友達がいます。彼女の家におよばれすると出てくるお料理が揚げとうもろこしです。おいしくておいしくて、とまりません。

自分でも家で作ってやろうと思って何度も挑戦するのですが、そのたびにとうもろこしは花火のようにポンポンはじけて、とうもろこしをよけるのに逃げ回る始末です。花火が終わった後は、台所中油だらけになってしまいます。

思いあまってある時、彼女に聞きますと、油がぬるいうちにとうもろこしを入れるのだということが判明しました。私だけが知らなかったような気がしました。

作り方

とうもろこしは縦に切り、揚げ油がぬるいうちに入れ、だんだん火を強めて揚げる。塩をふる。

鶏の肝

子供の時から時々食卓で見かけました。今となっては解りませんが、どうも母の実家の料理だったようです。今はあまり見かけませんが、肝に黄色い卵（きんかん）がついていたのが、印象的でした。

昔から肝というとこのうつわでした。最近まで納屋で眠っていましたが、武相荘のリニューアル（レストラン&カフェのオープン）のための片付けで姿を現しました。葱の千切りが下手くそです。

作り方

肝は、葱、生姜を入れてさっと茹でる。

醤油、酒、砂糖で煮る。

葱の千切りをのせる。

なめこと卵白の中華風

遠い昔になりますが、中華料理店のランチになめこと卵の白身のスープを出すお店がありました。何故かおいしくて覚えています。マヨネーズを作ったりして残った卵の白身が冷凍庫にたまったら作る、お気に入りのおかずです。

作り方

卵の白身、鶏ガラスープの濃いもの、酒、塩、水溶き片栗粉を混ぜておく。スープ少量を鍋に入れ火にかけて、なめこを入れる。煮立ったところに、混ぜておいたものを注いでひと煮立ちさせる。

釜めし（土鍋ごはん）

まだ新幹線がなかった頃のことです。信越本線で碓氷峠《うすいとうげ》を登るのに横川駅で機関車を付けるために十五分ほど停車していました。その間に横川駅の駅弁の峠の釜めしというのを買って食べるのが楽しみでした。汽車が出発する時に、駅弁を売っていた人たちが深ぶかと頭を下げて、見送ってくれたのが深く印象に残っています。今でも上信越道の横川サービスエリアなどで売っています。

　私の記憶違いかもしれませんが、当時の釜めしは、現在のように具材がごはんの上に並んでいるのではなく、すべての具材がごはんと混ざっていたような気がします。

　記憶違いかもしれない横川の思い出が懐かしく、このごはんを作ります。

　本などで見ますと、具材を一つ一つ煮て混ぜるとありますが、駅弁作りは忙しくて一つ一つ煮る暇などないに違いないなどと都合のよい想像で、全部突っ込んで炊いてしまいます。

　当時も具材がごはんの上に並んでいたなどということは、夢が壊れるので知りたくありません。

作り方

材料は、米（研いでおく）、鶏肉、人参、椎茸、筍、牛蒡、油揚げ（以上は適当に切る）、こんにゃく（茹でて切る）、ぎんなん（熱して殻と皮を剝く）、うずらの卵（茹でて殻を剝く）。

土鍋に昆布出しを入れ、材料を全部入れ、薄口醤油、酒、塩を加え炊く。

梅干し、ごま、紅生姜、高菜の漬物などといただく。

蒸し野菜

私は食べ物については、かなりの新し物好きです。インターネットやお店で珍しい物や新しい物を見つけると試さずにはいられません。ヘルシーという言葉には抵抗がありますが、魅力的です。しかし食べる物はおいしいという方が先に立ちます。蒸し野菜はヘルシーな上においしいです。オメガ3の油（亜麻仁油）もおいしいです。

作り方

野菜は色々。アスパラガス（緑と白）、ベビーコーン、ブロッコリー、もやし、人参、大根、オクラ、椎茸などなんでも。それぞれ火の通り具合を考えて、適当な大きさに切る。せいろに彩り良く並べて蒸す。そのまま食卓に出すので、竹のせいろがおすすめです。

ポン酢、大根おろし、ゆず胡椒、流行りのオメガ3の油に塩、でいただきます。

野菜くずのスープ

作り方

野菜くずはなんでも（りんごの皮、芯、桃の皮など果物も可）。全部を鍋に入れ、水を加え、半量ぐらいになるまで煮詰める。

武相荘に新しくオープンしたレストラン&カフェに、若いTちゃんというシェフが来てくれました。彼は本当に料理の好きな天性のコックさんです。彼と食材や料理のことを話していると時の経つのも忘れます。

ある日、キッチンに行きますと、野菜くずが山のように籠に入って干してありました。何にするのだろうと聞いてみると、煮出して料理に使うのだという答えが返って来ました。私もいつも人参やじゃがいもの皮などは肥料くらいにしかならなくてもったいないなと思っていました。肥料になれば上等、父のように土いじりが好きではないために、外に投げ捨てて土になるのはまだよくて、面倒だと燃えるごみに出す時もある始末です。煮出してスープにしても、結局は捨てるのですが、ある役目を果たしてくれたような気がして、うしろめたい気持ちはなくなります。なんの役目も果たさずに捨てられる物を見ると心が痛みます。

時を同じくして、テレビで同じように野菜のくずを煮出して使っている方のことを放映していました。彼等は野菜を干さずに煮てそのまま料理に使ったり、飲んだりしていました。

めんどくさいことが少ない方にすぐに気持ちが傾き、私もそのまま煮ています。残留農薬などという言葉が頭をよぎりますが、考えないようにしています。

私も母に似て、なかなか物が捨てられません。その上片付けも下手です。最近流行りの整頓術の本を読んでも、捨てるのが基本のようですが、物にも心があるような気がして、捨てられません。

てんぷら

えのきだけ
しそ

ご多分にもれず、私もてんぷらを揚げるのが苦手でした。ふきのとうなどの山菜を見るたびに、てんぷらで食べたいなと思うのが常でした。でも自分で作ることは叶わず、てんぷらは外食のものと思っていました。

我が家の近所に長いおつきあいの藤田というお蕎麦屋さんがあります。てんぷらもおいしいお店です。ある日なんとなく見ていますと、おかみさんがメリケン粉を水で溶いて衣を作っているのが見えました。溶き卵を入れる段になってびっくりしたことに、本などに出ている分量より溶き卵がずっと少ないように見受けられました。こらえきれずに質問しますと、それが適量だとのことです。

ふと私は、あんなに少なくていいのならいっそ卵は不要ではないか、また同時に、精進料理には卵は使えないなどということも頭をよぎり、あわてて我が家に帰ってやってみると、てんぷら屋さんほどとはいかないものの、家庭では満足のできる仕上がりでした。

それ以来、精進揚げなど得意中の得意になりました。

こちらはもっとも手近にある、えのきだけとしそです。

こごみ
筍
たらの芽
ふきのとう

お蕎麦の藤田さんのおかげで、以前は決して家では作らなかったてんぷらを楽しめるようになりました。うれしいです。両親が存命ならさぞ喜んだことでしょう。

そうめん、七種の薬味

食欲のない時や具合の悪い時にそうめんやおかゆを食べると、元気になるような気がします。

西洋人はこういう時に何を食べるのだろうかと思います。

我が家では、朝ごはんにも登場します。

作り方

薬味は、葱、茗荷、ごま、しそ、梅醤番茶、揚げ小エビ、生姜、です。そうめんは盛り付ける時に、出し汁に泳がせます。つゆにつけていただきます。

蒸しアワビ

母が存命の頃からのお付き合いの京都の錦小路の丸弥太さんも、先代のおかみさんから若いおかみさんになりました。ご用聞きですなどと、今では死語になったような言葉で時々電話をくれます。たまたまこの本の撮影の前日に電話をくれて、小ぶりのアワビがあると言われました。おいしそうだと思ったのですが、昔、圧力なべで蒸して長い時間かかったことを思い出し、忙しいからと一度はお断りしました。するとおかみさんに二十分蒸せば柔らかくなると言われ、半信半疑で、硬かったら歯形がついたまま送り返してやるなどと言いながら、送ってもらいました。結果は二十分で柔らかくなり、とてもおいしくいただきました。

作り方

これも特別な作り方などありません。アワビをせいろに並べて二十分蒸します。

ヨーグルトとドライフルーツ、メープルシロップがけ

最近の健康志向の世の中で、健康に良いという情報が様々耳に入ってきます。聞いてしまうと心が動きます。白砂糖は体によくないと聞いて、白砂糖の替わりにメープルシロップを使ってみたところ、とてもその味が気に入り、食事作りの甘味にはほとんどメープルシロップを使っています。夫のカナダ人の英語の先生も料理の甘味にはメープルシロップを使うそうです。メープルシロップの広告の小冊子に、卵焼きにメープルシロップを使うとふわっとできると書いてあり、試してみると、その通りでした。ヨーグルトにドライフルーツとメープルシロップをかけて、元気になったような気がしています。

作り方

これも料理とは言えません。甘くないヨーグルトにメープルシロップをかけ、種々のドライフルーツを飾ります。

ピクルス

サンドイッチを食べる時に必ず一緒に食べます。酢を強くすれば、保存はきくのですが、サラダのように食べたいので、酢は控えめにします。

作り方

作り方などあまりないものばかりで恐縮ですが、これはただ手当たり次第に野菜を切って、酢、塩、メープルシロップに月桂樹の葉など好みの香草を入れて煮立てたものをかけるだけです。

ちょっと変わっていると思うのは、本で読んだのですが、エリンギを入れるところです。かりかりした野菜の中で、食感が少し変わっていて、ほっとします。

コロッケ

両親も加えた我が家では、コロッケは芋派とホワイトソース派に分かれていました。父と息子は芋、母と夫はホワイトソースといった具合です。それゆえにいつもコロッケというと両方作るのが面倒でした。揚げているうちにわからなくなるので、形も、俵は芋、小判はホワイトソースと決めていました。

ある日、面倒になり、芋とホワイトソースを混ぜてしまい、形だけ変えて食卓に出してみると、双方とも気がつきませんでした。

作り方

牛挽肉と玉ねぎを炒めて塩胡椒する。そこにホワイトソースとマッシュポテトを半々に加える。俵形や小判形にまとめ、薄力粉、溶き卵、パン粉をつけて揚げる。

ひいらぎ一夜干し

これは、息子が孫達と一緒にキス釣りに連れて行ってくれた時の〝外道〟のひいらぎを、孫達が食べてみたいと言うので、一夜干しにして焼いてみたものです。可笑しいほどまずいのですが、捨ててしまうのも可哀想な気がして、織部の小皿につけてみました。ぴったりです。

かさごの南蛮漬け

これは私の作ったものではありません。釣りが好きな息子が、釣ったかさごの刺身や味噌汁にしてさんざん食べた残りを、南蛮漬けにしてくれました。私の周りの男は誰も料理をしないのに、不思議です。

作り方

かさごは片栗粉をつけて、からっと揚げて、三杯酢に唐辛子を入れたものに漬けます。葱の千切りをのせます。

イワナの焼きがらし。著者の子息の龍太さんが渓流で釣り上げ、山小屋で燻したもの。

やきそば

ただのやきそばですが、最近二つのコツをおぼえて、とてもおいしくなりました。
一つは、そばをひろげて醤油と酒をかけて焼いておくということ。もう一つは、牡蠣油を具に混ぜるということです。ちょっとした工夫でおいしくなるということが、他にもたくさんあるのではないかと思いますと、一つでも多く知りたいと思います。

作り方

蒸してあるそばはそのまま、乾麵なら茹でてもどす。
フライパンに油を熱し、そばをひろげて焼く。醤油と酒を合わせたものをそばの上にジャーッと注ぎ、弱火にして、少し焦げ目がついてパリッとするまで焼く。

上にかける具は、豚肉、人参、キャベツ、にら、椎茸、玉ねぎ、うずらの卵などなんでも。
豚肉は醤油、酒、片栗粉で下味をつけて焼く。野菜を炒め、肉と合わせて、塩胡椒、牡蠣油で味をつけ、焼いておいたそばの上にかける。

上／軒に下げた灯明台に椿。1月。下／庭に置いた鉢の中で育つ蓮の葉。5月。

上／正子の愛したオオヤマレンゲ。夕顔と同じく「じろじろ見ると咲かない」という。下／ヤマボウシ。どちらも5月中旬。

うつわについて

私が小さかった頃は、父母が忙しかったせいでしょうか、当時は子供と一緒に食事をしなかった西洋かぶれだったせいでしょうか、両親と一緒に食事をすることはあまりありませんでした。

食事をしていたのが家のどこであったのか、今となってはまったく思い出せません。はっきり憶えているのは、並んでいる食事のことよりも、丸いお盆の上に、私の誕生祝いにどなたかにいただいたのでしょうか、イニシアル入りのナフキンリングに丸められてささっているナフキン、そして小さなマグカップ、小さなスプーンとフォークのことです。

これが、私が食器というものに意識が向いた最初だと思います。

ナフキンリングはどこかへいってしまったのですが、食事がのっていた丸いお盆、スプーン、フォーク、マグカップは今でも残っています。スプーンの先端は、私が癇癪をおこして噛んだと思われる歯形がついています。

小さなマグカップは、二人の孫達が使っていますが、スプーンとフォークについては、そのスプーンの傷によって、何か私の子供時代の良くない面が孫達に伝わるような気がして、引出しの奥にしまってあります。

少し大きくなって、両親と食事をするようになりましたが、今から思いますと、他のお宅と違っているところがありました。ごはん茶碗は、各自決っているのですが、お箸は、皆同じ利休箸を使っていました。

そして子供達は、食事中には水を飲んでいました。

私の夫も言っておりましたが、食事の際に水を飲むのは、行儀の悪いことだそうです。

母もある二、三人の方達に、子供達が食事中に水を飲むのでびっくりしたと言われ、母は憤然として「うちは西洋式なの」と宣い、相手の方達を唖然とさせておりました。

これらは、母が育った実家のやり方だったようです。私は今でも食事中に水を飲むことがあります。

食事の直前に外出先から戻った母が歩きながら、持って帰って来た紙包みを開けるのももどかしそうにビリビリと破り、中から取り出したうつわを台所へ持って行って洗ってもらい、そのまま食卓にのせて、それまで使っていた食器のおかずを、その新しいうつわに移し替える、といったこともしばしばありました。

そうかと思うと、たとえば最近までコロッケがつけられていたお皿が違うお皿になっているので、「どうしたの？」と聞きますと、「あれは売ったの」とすまして答えるのでした。

私は、母のような食器に対する執着心はありません。母は、これはどこの何だとか、誰の作だとか、私に教えてくれていたのですが、ほとんど功を奏していません。ただ、そのような影響は漠然と感じることはあります。

高額と言われている食器は、割ってしまうと腹が立つのであまり使いません。母は、自分で食器は割ったことがないと、自慢しておりましたが、食べるだけなら、私も割りません。

私が気をつけていることと言えば、食卓の上の色の調和と、なるべく買って来た容器のままで食卓にのせない、ということくらいです。それは、夫に買って来た物だと知られたくない、という見栄があるのかも知れません。

もう一つの関心事は、食洗機で洗えるかどうかです。恥ずかしながら、木製のお椀は食洗機で洗えませんので、陶器を使っております。

日本の食器は、五つで一組となっています。西洋の食器は、六つで一組ですので問題はないのですが、休日に、家族全員六人で夕食をとることが多い我が家では、孫達も一人前に大人用の食器を使うようになったので、必ずと言ってよいほど、同じ食器で揃えることは不可能です。

以前は、食卓では、食器は揃っていなくてはいけないと思い込んでいたところがありました。

今から思うと、両親と暮らしていた頃は、一家揃って食事をすることはあまりなく、あったとしても、やはりそれは、「自分の食卓」ではなくて、食事を作らない、実質上の主婦ではないとはいえ「母の食卓」であり、何か他人事で、食器にまで深く目を向けることはありませんでした。

いま毎日の食事では、骨董屋さんで買ったものや、新しいものを使っていますが、割ってしまって、五客揃わなくなってしまったものばかりです。

それではと、色々と組み合わせてみますと、同じような種類でも、合うものと合わないものがあり、まったく違う種類のものや、外国のものでも、ぴったりするものもあるのが、解ってきました。

同時に、同じ系統の色で合わせる自分の傾向も解ってきました。

頭の中で組み合わせを考えて、ぴったりだと思い、イソイソと並べてみると、全然だめであったり、逆に何の意図もなく、洗って並べて置いてある食器の不思議な調和に驚いたり、大好きな食器どうしでも、一緒に使うと、まったく調和せず、両方とも嫌になりそうになりあわてて引き離したりする毎日です。

また、大好きだった食器でも、それに盛ったお料理がまずかったり、食べながら夫婦喧嘩をしたりと、うつわには何の責任もない理由で、戸棚の奥深くしまい込んでしまったものもあります。

新顔が仲間入りしますと、がらりと食卓の景色が変わるので、うつわが生きているように思えます。

外国の食器のことは、よく知りませんが、外食で知る限りでは、色や形にあまり日本のように種類があるようには思えません。

食器に関しては、日本に生まれてよかったと思います。

最近、和食が無形文化遺産に登録されました。

和食の定義は、漠然としていてよく解りません。各家庭の毎日の食事は、無形文化遺産の和食とは、ほど遠いと思いますが、といって、プロのお料理だけというふうにも思えません。

季節毎に使われる食器や、その盛られる料理によって使われる様々な食器も、その一部として高く評価されていると信じます。

家庭で毎日供される食事も、和食でなくとも、その時々で様々な顔を見せる日本の食器の心を大事にしたいと思います。

食器の調和を楽しむ和食と同じように、日本の着物にも、違う色や素材を組み合わせて楽しむ心が感じられます。

正子は、荒川豊蔵資料館にある、織部焼の呼び継ぎのお茶碗が大好きで、荒川さんと対談をすることになった時には、田島隆夫さんに織っていただいた布に、古澤万千子さんにそのお茶碗と同じような呼び継ぎの文様を染めていただき、それを衿にして仕立てた胴服を着て、意気揚々と出掛けていったのを思い出します。正子はイタリーのミッソーニの洋服やセーターにも共通の考え方を見ていたようでした。

先日、母が生前、とても着物の趣味の良い方だと言っていた方のお孫さんにお目にかかる機会がありました。

彼女は、高名な女優さんで、当のおばあさまのお着物をお召しでした。

男物の細い絣に、赤い裾廻し、唐草模様の帯と、母が見たらどんなに喜んだことでしょう。

何か特別の時に着るものになってしまっている着物も、自分のことは棚に上げて、もっと普及すると楽しいのになと思います。

朝ごはんのこと

私が育った家では、朝ごはんはいつもパンでした。各自食べる時間はバラバラです。父が一番先に起き、お皿、カップ、パンや果物などすべてが前の晩から整えられているテーブルに陣どり、まず電気でお湯の沸かせるポットのスイッチを入れ、自分で作ったコンセントのついたワゴンの上にある、小さな鍋がのっている電気コンロのスイッチを入れ、冷蔵庫に入っている牛乳をその鍋に注ぎ、コーヒーを入れて、自分で取りに行った新聞を広げて、朝食のスタートを切るのでした。

新聞に没頭するあまり、しばしば鍋の牛乳のことを忘れ、牛乳が沸騰し、全部電気コンロの上に溢れ出てしまい、家中に焦げ臭い匂いが充満し、当時食堂の上の部屋に寝ていた私は、またやりやがったと思って目覚めるのもしばしばでした。

当然、電気コンロは使いものにならず、何台もが犠牲になりました。彼の食事時間は約五分です。

当時ほぼ毎日来てくれていたお手伝いの長坂さんが、時折朝早く来てベーコンエッグなどを作ってくれると、久し振りに朝めしらしいめしを食ったと、あてつけがましく母に言うのでした。母は、太るから父に食べさせてはだめだと長坂さんに言っていましたが、父は、自分は卵を食っているくせにと言い、それからベーコンエッグは、父と長坂さんの秘密の楽しみとなりました。

朝ごはんが大好きだった母は、九時過ぎにならないと起きて来ず、やれ半熟卵だ、紅茶だ、サラダだ、果物だと、果てしなく要求し、用事のない日は新聞を広げ、見たいテレビ番組に赤い印をつけたりしながら、延々と座り続けていました。

母の兄が、朝食をとりながら、やはり新聞のテレビ番組欄に赤い印をつけているのを見たことがあり、兄妹というものは、妙なところが似るものだと思ったことがあります。

夏の軽井沢では、私が食事係でした。

父の朝食が始まり、母の朝食が終るのがお昼近くなり、母の朝食が片付かないうちに父の昼食になり、その次にまた母の昼食となり、一日中めし作りで、忙しい思いをしたものです。

当時、鶴川の辺りにはパン屋さんなどあまりなく、誰かが都内に出かけた時に、青山辺りに何軒かあったパン屋さんで買って来ていました。そのパン屋さんの中には、神戸育ちの父が子供の時から慣れ親しんだ名前もあって、懐かしいらしく、買物を頼むと嬉々としておつかいをしてきてくれました。

私は、結婚する前はパンなど焼いたことはありませんでした。

子供の時、父が庭に石を積んで作ったオーブンで、その頃に読んでいた外国のおとぎ話に出て来る、貧しさを象徴する硬くてまずいパンはこれだ、というようなパンを焼いていたのが、家庭でパンを焼くのを見た最初です。

すぐにその石積みのオーブンが撤去されてしまったところをみると、皆がまずいと思ったのでしょう。大人になって、自分でも焼いてみようと思いつき、本などを見て焼いてみると思いのほか良い出来でした。多少まずくても焼きたてに勝るものはありません。洗う前に少しボールに残っていたパン種が、時間と共に膨れていて、イーストは生きているのだなと、感激しました。

ある日、クロワッサンを焼いてみようと思い立ち、作ってみると思いのほか上出来で、母からクロワッサンを並べるための平らな良い味のついた籠をせしめました。家中に漂う良い匂いと、籠に並べたクロワッサンで、とても豊かな気分になりました。

しかし私がちょっと目を離した隙に、私達の子供が生まれる前は決して我が家に立ち入らなかった父が、いつの間にか上がり込み、クロワッサンを全部平らげてしまいました。その後もしばしば彼は、トンビのように我が家のごはんを狙って音もなくやって来ました。

母は、大事にしていた籠を出してやったのだからとばかり、まだかまだかと矢のような催促でしたが、イーストを発酵させたりするので、パンはすぐ焼けるものではなく、翌日まで我慢させるのに一苦労しました。

次の日は、焼き上がったクロワッサンが父の目に触れないように隠しておきました。

朝食というものは、パンを食べるものだと思い込んでいましたが、京都の我が家のようにしていた旅館に泊まると、炊き立てのごはん、おみおつけ、おひたし、柳ガレイといった朝ごはんが出て、とても楽しみでした。

東京へ帰って来ても、時々京都の朝ごはんを思い出して、食べたいなと思いましたが、一人だけ違う朝ごはんを食べることは、叶いませんでした。

後に私が結婚した相手の家も朝ごはんにパンを食べており、我が家も当然のように朝ごはんはパンになりました。

父が亡くなり、京都の旅館もなくなったある朝、空を見ていますと大きな柳ガレイのような形の雲がゆっくりと右から左へ、あたかも泳いでいるように移動していくのが見えました。それを見て突然ごはんと味噌汁の朝ごはんを食べようと思い立ちました。柳ガレイはなかったのですが、作って食べてみると、思いのほかおいしくて、しばしば食べるようになりました。

母にそのことを話しますと、目の中に嫉妬の炎が燃えさかり、私も食べると言い出し、時々我が家に登場することとなりました。

最初はおりこうさんにしていましたが、日に日に、我々がパンを食べていても、突然現われて、ごはんだ、と言ったりするようになってしまいました。

しかし、そのおかげで、時々若狭の柳ガレイにありつけることになりました。

朝ごはんはパンだという考えから脱してみると、その日の朝の気分やお腹の具合によって、食べたいものが違って来ます。蕎麦、うどん、おかゆと、メニューは果てしなく広がっていきました。

しかし、困ったことに、前の晩には翌朝の食べたいものがわからないのです。

お味噌汁のお出しは、作りおきがない時にはだしの素を使います。ですが、出しは「あの味」という味を舌が覚えていることと、まただしの素を使う罪悪感や、おいしくないものと思い込んでいる石頭のためか、あまり好きではありません。

しかし、用意ができていないために新しい発見もありました。時間がなくて、冷凍の干物を凍ったまま焼いたところ、かえって解凍したものより、おいしく焼けました。

食べたいものを朝ごはんに食べた時は、本当に幸せを感じ、一日がうまくいきます。

いただきものの話

生前の父と母には、色々な方達が、心のこもった季節の品々を下さいました。

父や母は、下さった方で、いただきものの味まで判断するところがあり、こりゃ間違いない、こりゃ駄目だろう、など勝手なことを言っていました。

また逆に、あまり気に入らなくても、あの方にいただいたのだからと、おいしいと思い込もうとしている節もありました。

よくない事は親に似るもので、私にも多分にそのようなところがあります。予想が当ったりすると、妙にうれしいのは困ったものです。

私も子供の時から、両親の御裾分けにあずかり、おいしいものを食べる機会に恵まれました。金もないくせに、口ばかり驕《おご》ってしまいました。

まだ幼かった私の息子に、父が、自分のところに来るお客さんで誰が一番好きか、と聞いたことがありました。

彼が一番好きだと答えた人物は、父があまり好きではなかった人物でした。

理由を聞くと、その人の手土産のお菓子がお目当てであることがわかりました。父もそのお菓子が大好きで、あいつはもしかしたら、いい奴かもしらん、と言って、皆を唖然とさせました。

当時、到来物で困ったものが、三つほどあります。

生きている七面鳥、酸素が注入された水の袋に入っていたり目に和紙を貼り付けたりして届く、これまた生きている鯉、頭もついている丸ごとの鰤です。

鰤は、当初は魚屋さんに頼んで捌いてもらっていましたが、彼が引退してしまうと、さあ困った、私がやるしかありません。当然、母はまったく頼りにならず、父を引っ張り出し、大工道具まで持ち出して捌く始末でした。骨が堅く、隙あらばと狙う猫とも戦わなければならず、悪戦苦闘したものです。

大工仕事が好きだった父は、大工仕事と鰤を捌くのとに、何か共通点を見出したらしく、結構楽しそうでした。同じ頃のいただきものであるコップ酒の樽酒を片手に、そのあたりの枯れた葉の上に醤油をたらし、鰤の切れ端をつまみながら、風流じゃのうなどと、勝手なことを言っておりました。

私は二、三日、鰤を食べる気がしませんでした。

生きている鯉は、いかんともしがたく、近所の大きな池に、放しに行きました。

テレビで井の頭公園のかいぼりを見て、鯉を池に放すなど、申し訳ないことをしたと思いましたが、外来種ではないので、勘弁していただこうと思います。

当然、七面鳥も丸焼きには出来ず、家の周りを走り回っていました。

行事のこと

私が育った家では、両親がまったく無関心で、お祝いの行事というものが一切ありませんでした。

私の誕生日も、「おめでとう」と言われたことはありますが、特別に祝ってもらったことはありません。

七五三、入学式、成人式、卒業式、何かの記念日、命日、おとし玉もなし、一切なし、何もなし。

記憶に残っているのは、お正月のおせちくらいです。

他のお家の色々な行事の話を聞いても、不思議に羨ましいとも思わず、ただ何もしないのが、我が家なのだと思っていました。

大人になってから、両親に別々になぜ何もしないのかと聞いたことがありますが、二人とも口裏をあわせたと思えるほど答えは同じで、何かがあったその日はその日だけのもので、毎年続ける必要はない。そんなひまがあったら他の事をするのだと言っておりました。

唯一、東京から引越して来た時に持って来たと思われる、茶色に変色した箱に入ったクリスマスの飾りが残っており、長兄が、クリスマスツリーを飾りつけてくれました。枕元のサンタクロースのプレゼントも、兄の仕業だったようです。

私が生まれる前は、クリスマスツリーなどをあの両親が飾っていたのかしらと不思議に思いました。

誕生日のお祝いなどとは無縁だった白洲家だが、料理好きで意気投合する武相荘のレストランのシェフが、著者のためにバースデー・チーズケーキを作ってくれた。

お弁当の思い出

子供の頃のお弁当の思い出は、ほとんどありません。母親が作ってくれなかったせいかと思いましたが、そればかりではないだろうと思って考えてみますと、今の世の中では、お弁当だけではなく、すべての食事は生きていくためだけに食べるのではなく、味や見た目に重きをおいているので、空腹を満たすだけのお弁当は記憶に残りにくいのではないかということに、気がつきました。

最近の家庭で作るお弁当は、たこの形のソーセージを入れたり、動物やキャラクターのデザインにしたりと楽しそうですし、運動会やお花見のお弁当はとても華やかです。

お弁当箱も密閉容器など便利なものがあります。しかし、蒔絵の弁当箱を緋毛氈《ひもうせん》の上に広げて、などという光景は望むべくもありません。緋毛氈ならぬブルーシートのためかも知れませんが、景色に色彩の統一感がありません。

ブルーシートの色を、よい色だと言う人に会ったことはありませんが、あの色には、何か深い訳があるのでしょう。

学校でのお弁当について、唯一記憶に残っているのは、おかずやおにぎりではなくて、友達のアルミのお弁当箱の蓋の真ん中あたりの色が変っていて、今にも穴が開きそうになっていたことです。

なぜだろうと思って毎日見ていますと、その穴の開きかかっているところの下にあるごはんに梅干しがのっていました。梅干しの酸がアルミを溶かすという化学反応など、知るよしもありませんでしたが、梅干しのためだとわかりました。

梅干しはいつも、そのお弁当箱の端から三分の一くらいの場所に入っているようです。ということは、常に同じ方向に蓋をするのだろうかと不思議に思いました。

なぜかその蓋がうらやましく、私も常に同じ向きに、蓋が梅干しの上になるようにするのが日課となりました。

しかし、そんなにすぐに穴が開きそうになるはずもなく、そのうちに飽きてやめてしまいました。

それだけのことなのですが、子供とは大人の思いもかけないようなところに興味を引かれるもので、私にとっては懐かしい思い出です。

最近では、出来合いのお弁当全盛時代で、買うのに困るということはありません。裏側を見ると、内容についての表示がありますが、明らかに食品とは違う、薬品と思われる文字が目に入ります。不勉強のせいかも知れませんが、何か抵抗を感じます。

子供の時の思い出に駅弁があります。私の「心の駅弁」は、横川の峠の釜めしと高崎の鶏めしです。新幹線が通るようになって横川の駅で買うことはできなくなり、釜めしは高速道路のサービスエリアや車内販売などで買う以外ありません。

高崎の駅はありますが、新幹線の窓は開かず、停車時間は短く、これまた駅では鶏めしが買えません。

やはり駅弁は、列車に乗って食べる方が、おいしく感じます。

都心に朝から出かけますと、どこかでお昼ごはんを食べることになります。一人でお昼を食べるのはあじけないので、残りものなどでお弁当を作り、普通の列車では食べにくいのですが小田急ロマンスカーの中で、早めのお昼を食べながら、束の間の旅行気分を味わっています。

そのようなお弁当は、すぐに食べてしまうので問題はないのですが、時間が経ってから食べるお弁当には気を使います。もう蓋をしても大丈夫かしらとか、たらこは焼いた方がよいのかしらとか、心配は限りがありません。

冷えるとおいしくなくなったり、味を濃いめにしないと温かい時とは同じ食物とは思えないほどまずくなったりします。

でも何か、作っている時から心が弾みます。

お酒と父、母、私

父が、私の生まれた時にまず思ったこととは、この子が酒を飲めなかったらどうしよう、というものだったそうです。

父の心配は杞憂に終わりましたが、孫達と銀座に飲みに行きたいという望みは、孫達が酒を飲める年齢に達する前に彼が亡くなったため、実現することはありませんでした。無念だったと思います。

時折、驚かれる方があるのですが、母はほとんどお酒を飲みませんでした。

彼女が自分からお酒に手を出すのは、新しく徳利や盃を買った時と、天豆の時期のビールだけでした。

彼女の持論は、酒の飲めない人に、酒器はわからないというものでしたが、彼女の中で、酒が飲めるという尺度は、どんなものだったのかわかりません。

彼女の天豆の好みは、あまり熟していない若いもので、いわゆる食べ頃の爪の黒くなったものではないので、お店では買えませんでした。

それゆえ、近所の農家にお願いして、畑から直接届けてもらえるようにしておりました。天豆の季節の間の二、三週間は、家の中の彼女の通りみちの数ヶ所に、茹でた天豆を盛った小鉢を置き、通りがかりにちょいとつまんで通り過ぎる、というのが常でした。そのうえ夕方になると、小さなコップについだビールと共に、また、まるでその日に最初に味わうような風情で天豆を口へと運ぶのでした。よく飽きないもんだと思ったのを、天豆の時期の蒸し暑い夕方になると、時折思い出します。

鹿児島出身の母の父もお酒が飲めなかったと聞いています。鹿児島の人達は、皆お酒が飲めるというのが、私の印象ですが、リズム感に溢れていると思えるアフリカの人達の中にもリズム音痴の人がいるということですので、何事にも例外があるようです。

祖父は、鹿児島名物の地酒をかけて押す酒ずしは食べられず、酢めしにして別に作ってもらい、食べていたそうです。

母がお酒を飲まなかったのは、見栄っ張りの父が、彼女が少しでもお酒を飲むと、顔はもとより、白目まで赤くなるのを嫌っていたこともあるようですが、夫が嫌がるからといって何かをやめるような母ではなかったので、やはりあまり酒好きではなかったのだと思います。

父も酒好きかと言うと、これまた疑問で、ゆっくりと食事とお酒を味わうというのとはほど遠く、ガブガブ飲んで、パッと寝るといった風でした。

そのような両親のもとですので、私も、父が「ちょっと飲んでみな」と差し出すグラスに口をつけることはあっても、毎日食事の時にお酒を飲むという習慣は、ありませんでした。

私がおいしいと思ってお酒を飲むようになったのは、結婚する前に、しばらく滞在していたパリでのことです。

私が下宿していたのは、おばあさんが一人で住んでいる家でした。パリのお金持ちの住んでいる地区で、生活のために下宿人を置くのではなく、一人での食事が嫌いだからというフランス人らしい理由で、昼食も一緒に食べる、というのが、条件でした。

そのため、午前中に学校の授業が終わると、下宿に駆けもどり、おばあさんと一緒に昼ごはんを食べながらワインを飲み、お食後を食べて、コニャックまで飲んで学校に戻るという毎日でしたが、ヨーロッパの湿度のせいか、年齢のせいか、酔うということはありませんでした。夜は夜で、アペリティフを飲もうと、居間で待ち構えていた彼女の姿が、今でも目に浮かびます。

父は、昼の間にお酒を飲むのを好みませんでした。午前中でゴルフを切り上げて帰って来て、お気に入りのジョッキでビールを飲むことはありましたが、ビールは酒ではないというのが、彼の屁理屈でした。

私はといえば、生来の意地汚い性格が歳と共に花ひらき、一度飲み始めると止まらなくなってしまいますのと、一日の終わりに飲む一杯の感激が薄れるので、昼間はご遠慮です。

バブル最盛期にパリに行く機会があり、食事に行ったレストランで、どこの国から来たと聞かれて、日本だと答えたところ、あなたはワイングラスをくるくる回さないから日本人ではない、と言われました。

我々日本人は飲み食いには貪欲で、他国の料理をすぐに日常の生活に取り入れますが、食事と一緒に味わうお酒についても、グラスをくるくる回す所作とともに、なんの抵抗もなく受け入れます。妙に手慣れた手つきでワイングラスを回しているのを見ると、一億総ワインソムリエのようで、我々の民族にはどうにもそぐわない光景に映り、思わず目をそらします。

日本だけのことではないのかも知れませんが、お酒や食べる物にも流行があり、次から次へと新しいものが登場し、ブームが去ると次の物が登場するのは、不思議なことです。カレーライスやラーメンのように形を多少変えて生き残るものもありますが、大多数は忘れ去られて行き、まったく新しいものが登場します。食べ物も、政治の世界に似ているような気がします。

武相荘のガレージ2階はバーに改装された。次郎の文字「PLAY FAST」に誘われる。

甘いもの

私には、食事の時間以外にものを食べる習慣がありません。子供の頃は大好きだったお食事後のお菓子も、ほとんど食べません。

お酒を飲むようになったせいでしょうか。

父は、晩ごはんはお酒を飲みながら食べ、その後に、大福の二つや三つはちょろいといった具合で、私は不思議に思っていました。

ところが最近、時折私も食事の後にウィスキーなど飲みながら、チョコレートなどについ手が出て、唖然とする事があります。その頃の父の年齢に近づいて来たようです。

生粋の薩摩人の母は、鹿児島の人達はすべて酒飲みだという世間の風評とは異なり、お酒があまり飲めませんでした。彼女はお酒を飲まないかわり、必ずお食後を食べていました。

多くの鹿児島の方達と同じように、故郷を愛する気持ちは人一倍強く、鹿児島のお菓子が大好きでした。

中でも、あく巻きとかるかんが大好きで、鹿児島出身の知人達と、どこのがおいしいとか、作ってくれる人を見つけたとか、新しいお店を見つけたとか、情報交換を頻繁にしていました。

私の母を含むシンジケートは、どうも話をしているうちに、頭の中で際限なく思い出が膨らみ、昔の方がおいしかったと、あくなき情報交換に没頭するのでした。

ケーキ類も好きで、お気に入りの店から大量に買い込んできました。自分の舌には自信があって賞味期限などは念頭にないらしく、よくあたらないものだと思うほど食べ続けていました。

八十八まで生きたのは奇蹟です。

私はあまりケーキ作りには熱心ではなく、平素はシュークリームかスポンジケーキくらいしか作りませんが、オーブンの中で生きもののように膨らんでいく過程を見るのは、何度見ても胸が躍ります。

ケーキをきれいにデコレーションするのは苦手です。上手に出来たためしはなく、ゴムヘラなどで、チャチャッと済ましています。

夕暮れの武相荘。長屋門の向こうは、緑深い別世界。

食器選びもまた楽し

鉢、皿、向付、飯碗、コップ、徳利……
食器棚より、料理に合わせて
日常使っているうつわ一三九点を大公開！

7

3

8

4

9

5

1

10

6

2

1／瀬戸鯛文石皿　江戸時代後期　径28.5cm　2／伊万里白磁桜花形皿　江戸後期　径18cm　樺山家伝来のうつわで、酒ずしをのせる　3／古伊万里印判手七寸皿　江戸中期　径20cm　4／古伊万里染付宝尽くし八寸皿　江戸後期　径25.6cm　5／古伊万里白磁輪花七寸皿　江戸中期　径21cm　6／清朝染付霊芝文皿　中国清朝末期　径20cm　7／古伊万里染付陽刻葡萄文七寸皿　江戸中期　径22cm　8／清朝染付皿　径23.5cm　9／西洋十角皿　径17cm　かなり昔に軽井沢で買ったもの　10／オランダデルフト染付大皿　18世紀　径28cm

11／古伊万里染付あざみ文小皿　江戸後期　径12cm　12／牧山圭男作皿　径26cm　13／古伊万里染付草花文なます皿　江戸後期　口径14.5cm　14／初期伊万里染付山水文七寸皿　江戸初期　径21cm　15／瀬戸馬の目皿　江戸後期　径38cm　16／古伊万里染付牡丹文皿　江戸中期　径19.5cm　17／牧山圭男作皿　径28cm　18／古伊万里染付藤文六寸皿　江戸後期　径17.5cm　19／初期伊万里染付草花文五寸皿　江戸初期　径15cm　20／清朝瑠璃釉大皿　中国清朝末期　径30cm　21／古染付貝文皿　中国明時代　径18cm　22／古伊万里染付草花・唐草文七寸皿　江戸後期　径21cm

31

27

23

32

28

24

33

29

25

34

30

26

23／初期伊万里染付菊文七寸皿　江戸初期　径20cm　24／ヨーロッパ色絵皿　星野武雄旧蔵　径26.5cm　25／古伊万里染付花蝶文七寸皿　江戸後期　径21cm　26／牧山圭男作皿　径26cm　27／織部梅花文六寸皿　江戸中期　径17cm　28／古伊万里染付牡丹文七寸皿　江戸中期　径19cm　29／古伊万里染付霊芝文六寸皿　江戸後期　径17cm　30／加藤静允作赤絵同心円文皿　径14.5cm　31／ヨーロッパ色絵皿　径26cm　32／丹波灰釉皿　江戸後期　径28cm　33／加藤静允作染付市松文皿　径18cm　34／清朝染付大皿　長辺28.5cm

43

39

35

44

40

36

45

41

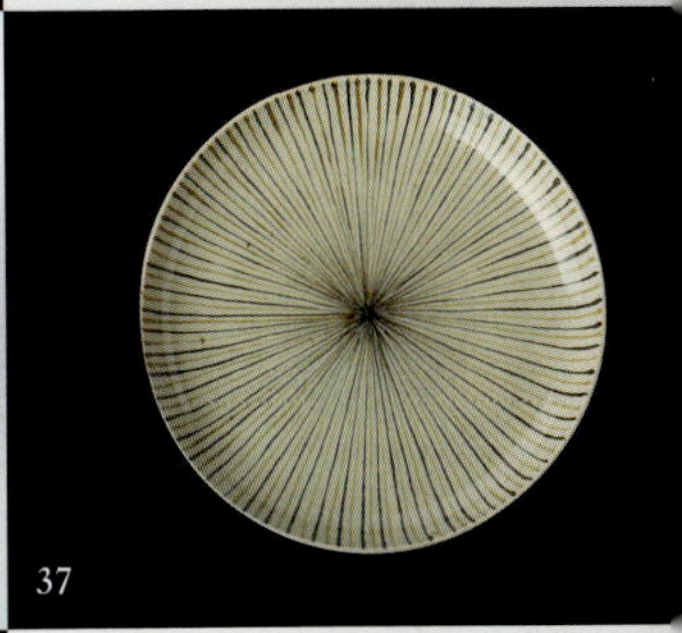

37

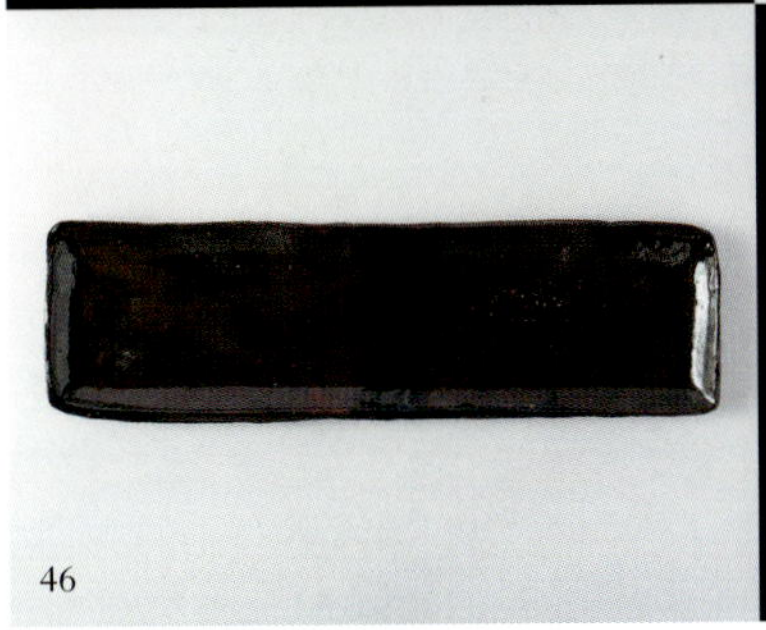

46

42

38

35／清朝染付霊芝文皿　中国清朝末期　径16cm　36／フランス製色絵皿　19世紀　径24.5cm　37／麦藁手大皿　径34.5cm　38／美濃印判手角皿　明治時代　長辺18.5cm　39／スリップウェア写し皿　長辺29cm　40／牧山圭男作長皿　長辺22cm　41／古伊万里染付山水文長皿　江戸後期　長辺22cm　42〜46／牧山圭男作長皿　長辺（42から順に）42cm、42cm、43cm、45cm、41cm

55

51

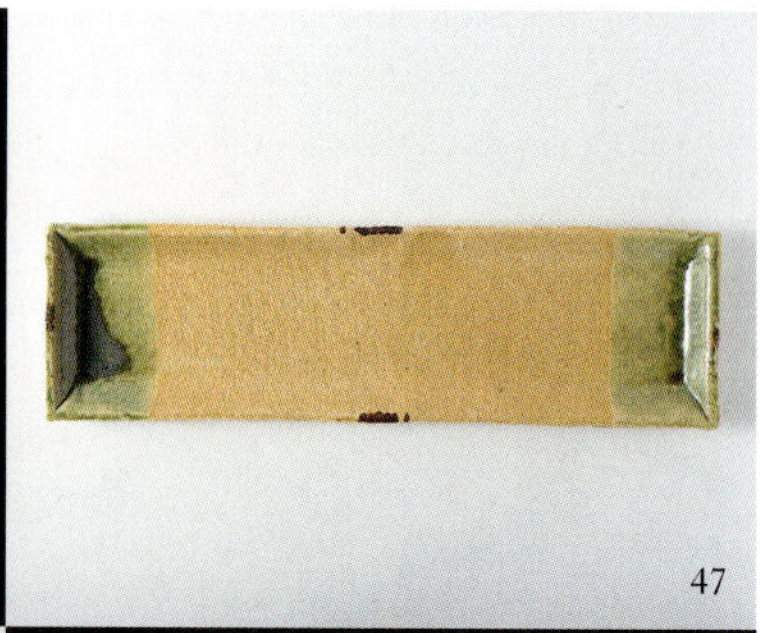
47

56

52

48

57

53

49

58

54

50

47・48／牧山圭男作長皿　長辺（どちらも）44cm　49／漆塗の皿　径23cm　50／大韓民国の三島手大皿　長径37.5cm　51／古染付網手文鉢　中国明時代　口径14cm　52／瀬戸鉄釉大皿　江戸後期　径34cm　53／瀬戸灰釉菊皿　江戸中期　径13cm　54／丹波鉄釉八寸皿　江戸後期　径24cm　55／瀬戸鉄釉大皿　江戸後期　径30cm　56／東南アジアの鉢　口径19.5cm　57／古伊万里瑠璃釉輪花なます皿　江戸後期　口径15cm　58／古伊万里染付格子文なます皿　江戸後期　口径14cm

67

63

59

68

64

60

69

65

61

70

66

62

59／沖縄壺屋の大鉢　口径28cm　60／古伊万里白磁陽刻鉢　江戸中期　口径14cm　61／瀬戸染付なます皿　江戸後期　口径14cm　62／瀬戸灰釉石皿　江戸後期　径31cm　63／瀬戸灰釉菊皿　江戸中期　径13.5cm　64／古伊万里赤絵なます皿　江戸後期　口径15.5cm　65／イギリススリップウェア皿　18世紀　長辺39cm　66／古伊万里白磁輪花鉢　江戸後期　口径18cm　67／古伊万里染付牡丹文大鉢　江戸後期　口径21cm　68／京焼百合型向付　明治　口径15cm　69／古伊万里胴線猪口　江戸後期　口径8cm　70／瀬戸麦藁手猪口　江戸後期　口径8cm

79

75

71

80

76

72

81

77

73

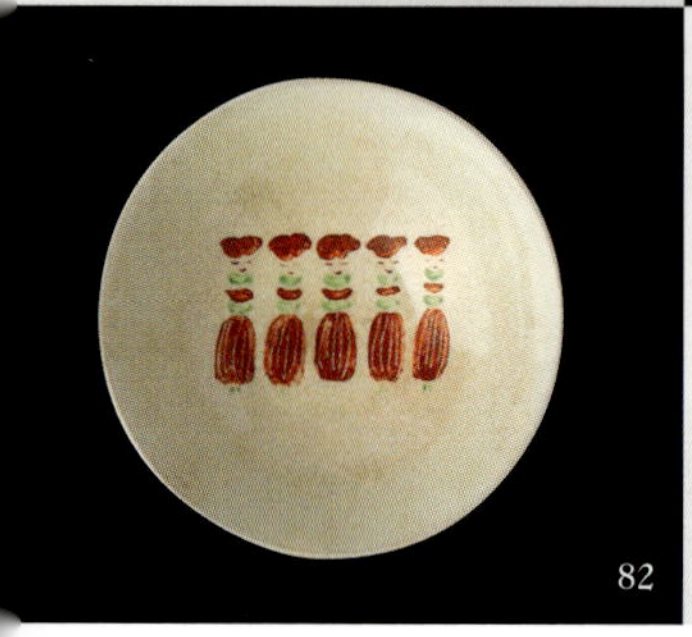

82

78

74

71／瀬戸菊文片口　江戸後期　口径24cm　72／古伊万里染付松文中鉢　江戸後期　口径18cm　73／古伊万里瑠璃釉輪花鉢　江戸後期　口径27cm　74／瀬戸鉢　江戸後期　口径25.5cm　75／鶏文向付　酉年生まれの樺山資紀（正子の祖父）が愛用していた　口径10cm　76／瀬戸網手鉢　江戸後期　口径11cm　77／清朝染付水注　中国清朝末期　口径10cm　78／丹波鉄釉塩壺　江戸後期　口径11cm　79／瀬戸麦藁手向付　江戸中期　口径9.5cm　80／古伊万里白磁鉢　江戸中期　口径13.5cm　81／古伊万里染付同心円文盤　江戸中期　口径24cm　82／見込に人形五人の鉢　口径25.5cm

91

87

83

92

88

84

93

89

85

94

90

86

83／古伊万里染付振り文鉢　江戸中期　口径23cm　84／福森雅武作灰釉汲出し茶碗　口径9.5cm　85／御深井（おふけ）向付　口径9.5cm　86／オランダ小皿　径11.5cm　87／古伊万里瑠璃釉猪口　江戸後期　口径8cm　88／古伊万里染付八角鉢　江戸後期　口径13cm　89／瀬戸菊文角鉢　江戸後期　辺24.5cm　90／古伊万里青磁飯茶碗　江戸中期　口径11cm　91／古伊万里くらわんか手茶碗　江戸中期　口径11.5cm　92／瀬戸麦藁手鉢　江戸中期　口径18.5cm　93／古伊万里白磁陽刻小鉢　江戸中期　口径10.5cm　94／瀬戸灰釉鉢　江戸後期　口径15.5cm

103

99

95

103

100

96

104

101

97
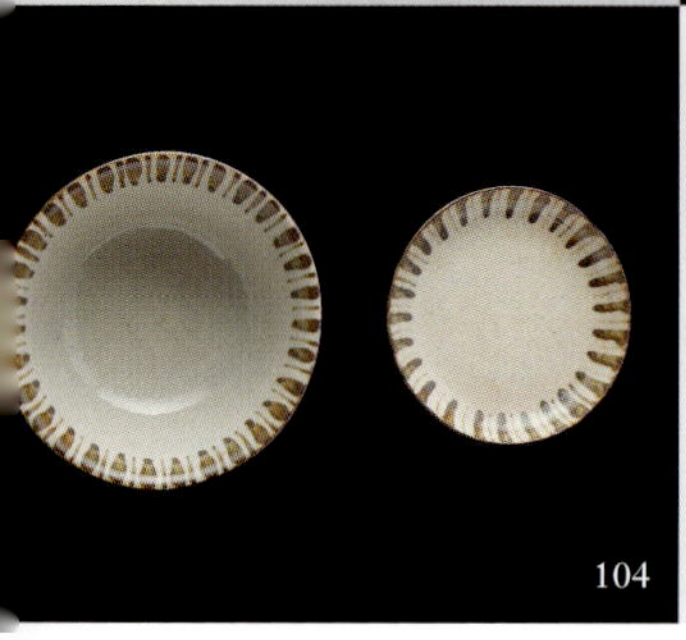
104

102

98

95／古伊万里染付格子文猪口　江戸後期　口径7.3cm　96／古伊万里白磁猪口　江戸後期　口径7cm　97／パイナップルの絵のマグカップ　著者が幼い頃に秩父宮妃からいただいたもので、現在は著者の孫が愛用　口径6.5cm　98／牧山圭男作鉢　口径13cm　99／朱漆の入れ子椀　口径11cm、12cm、12.5cm、13.5cmの4つ　100／日の出椀　母正子から託された、箱に昭和14年と書かれた椀。蓋の内側が赤い塗り。口径12cm　101／黒田辰秋作溜塗大椀　口径14.5cm　102／片身替わり椀　口径11cm、12cmの2つは入れ子にもなる　103･104／瀬戸麦藁手飯茶碗（その蓋裏と見込）　江戸後期　口径各12cm

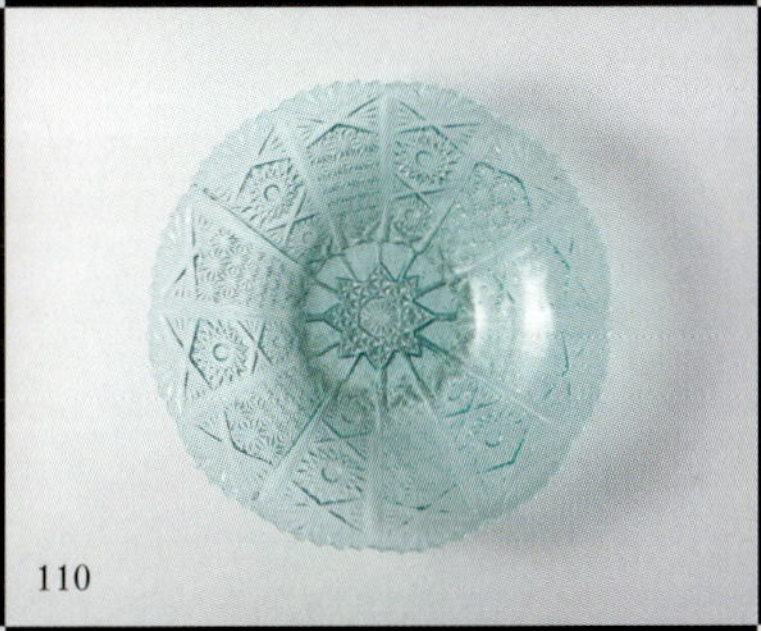

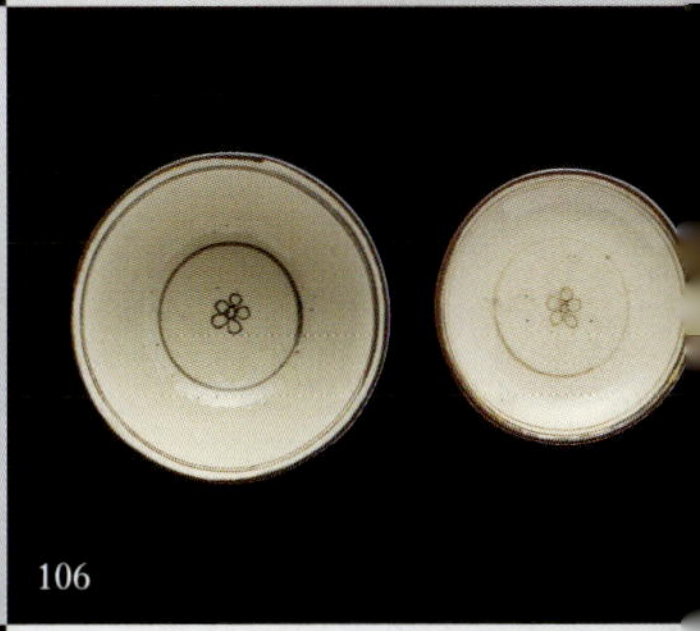

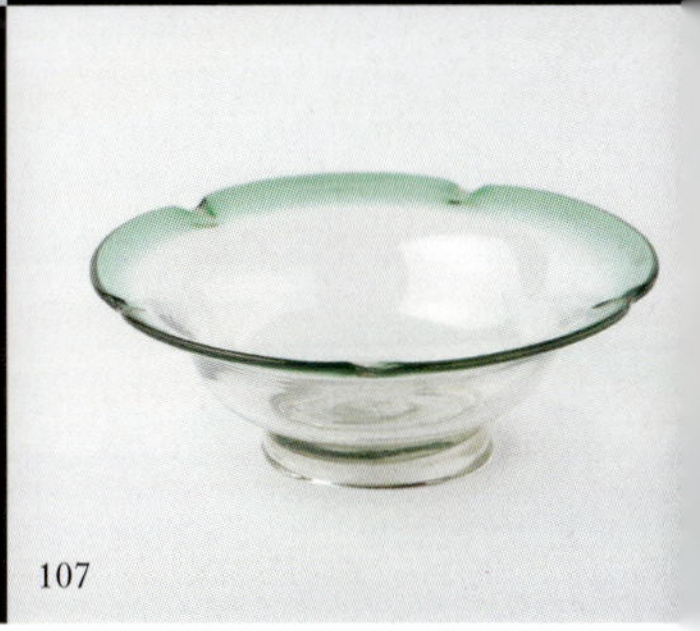

105／黒田辰秋作溜塗椀　著者の結婚時に母正子から贈られた椀で白洲家の家紋入り 口径14.6cm　106／瀬戸麦藁手飯茶碗（その蓋裏と見込）江戸後期　口径11cm　107〜115／ガラスのうつわ各種（107／口径15.5cm　108／型ガラスの鉢　口径13.5cm　109／大正時代の氷菓器　口径12cm　110／型ガラスの皿　口径23.5cm　111／白洲次郎がウィスキーの瓶から作ったコップ　口径9cm　112／口径10.8cm　113／バカラ社製グラス　19世紀　口径6.5cm　114／大正の型ガラス　口径15cm　115／大正のガラス鉢　口径16.5cm）

124

120

116

125

121

117

126

122

118

127

123

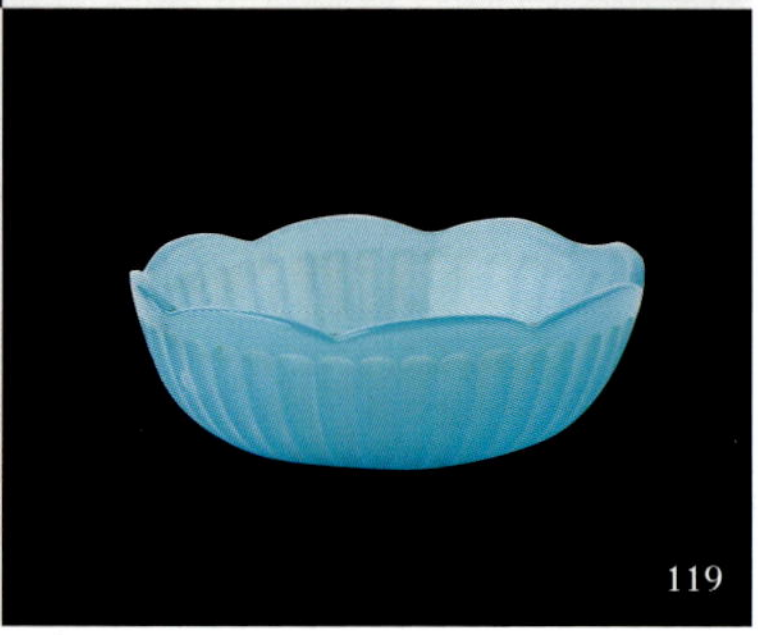
119

116〜125／ガラスのうつわ各種（116／型ガラスの小皿　径11cm　117／昭和時代のガラス四方皿　辺11cm　118／大正頃の氷菓器　口径12cm　119／型ガラスの小鉢　口径11cm　120／大正頃の氷菓器　口径12cm　121／型ガラスの皿　径12cm　122／口径12cm　123／口径7.5cm　124／口径17.5cm　125／口径7cm）　126・127／徳利各種（126／高さ15cm　127／高さ12cm）

128〜139／徳利各種（128／李朝白磁徳利　高さ14.5cm　129／高さ14.5cm　130／高さ12cm　131／高さ12.5cm　132／一升入る丹波イッチン大徳利　高さ27cm　133／加藤静允作　高さ12cm　134／鶏龍山徳利　高さ15cm　135／高さ12cm　136／加藤静允作　高さ15.5cm　137／牧山圭男作　高さ12cm　138／横石順吉作倣古伊万里徳利　高さ11cm　139／高さ12cm）

いつものおかず、おいしいごはん

五段重にぎっしり詰められた卵焼き、肉、魚、煮もの、おにぎり。お重のお弁当は、いくつになっても人の心をワクワクさせる力がある。

お弁当

私はお重やきりだめのように、重ねたり入れ子になっているような物が大好きです。お正月やお弁当に作ったお料理を詰め終わった時の充実感に溢れた幸せな気持ちは、何度味わってもよいものです。お重を見るとすぐ欲しくなります。

子供が小さかった時は運動会や遠足でお弁当を作る機会が度々ありましたが、塗りものや曲げもののお弁当箱を持って行くと、皆と同じでないと嫌だという子供の習性で嫌がりました。夫の母が戦後の物のない時代に、遠足のリュックサックをカーテンで作ってくれたり、野球のグローブまで作ってくれたりしたけれど、嫌だったと夫が言っていました。親の心子知らずです。

作り方

内容は、いかの煮もの、卵焼き、いんげんの胡麻和え、塩鮭、鶏挽肉のだんご、ローストビーフ、煮もの（こんにゃく、牛蒡、人参、干し椎茸、筍、竹輪）、おにぎり、漬物です。

特別な作り方はありません。強いていえば、煮ものを煮るお出しを濃いものにすることと、鶏挽肉のおだんごは丸めて茹でた後、もう一度醤油とみりんのちょっと甘辛いたれで焼くことぐらいでしょうか。

五段のお重を収め、持ち運びできる箱。最下段の抽斗には布巾や箸を収納できる。

藤沢に住んでいた夫の祖父母の家の庭には、かなり大きな金柑の木がありました。

祖母は金柑が実を付けるとたくさん煮て、咳の出る時に食べるんだよと言って瓶に詰めてくれました。私は生で食べるのも好きで、金柑が生る頃に藤沢に行くと、木のそばに陣取ってたくさん食べたものです。そのような光景を見ていたせいでしょうか、夫の祖母は、そんなに金柑が好きなら木ごと持って行きなさいと言ってくれました。その時はうれしくて、早速、植木屋さんを頼んで我が家に植え替えてもらいました。でも悲しいことに、環境が変わったせいでしょうか、一度も実を付けることなく枯れてしまいました。

金柑を植え替えてから、ほどなくして祖母は亡くなりました。枯れてしまったと言わなくてすんだと思った自分が悲しかったことを憶えています。今でも金柑が売っているのを見ると、買って甘く煮て、咳が出なくても食べています。

作り方

鍋に、金柑と酒（ブランデー、ポート、ラム酒など）とメープルシロップを入れて、蓋をして、弱火で煮る。

金柑の煮たの

クリームチーズに山椒の実、イクラのせクラッカー

毎年庭の山椒の木に実がたくさん生ります。佃煮のように醤油で煮ると実がしわしわになってしまい、分量も減るような気がします。塩水に浸けておきましたら、しわしわになりませんでした。それではと醤油に漬けておきましたら、やはりしわしわになりませんでした。

山椒の実にはへたがあり、それを取り除くのが大変で、ある年からやめてしまいました。別に食べるのには問題がないようです。一度冷凍にしてから手でもむと取れると聞いたことがありますが、取れませんでした。

作り方

山椒の実はさっと茹で、塩水に浸けておく。
クラッカーの上にクリームチーズと山椒の実をのせる。
イクラも同じく、です。

りんごサラダ

冬のりんごの時期によく作ります。焼きたてのパンにハムや卵をマヨネーズとともにサンドイッチにして、このサラダと一緒に食べます。

作り方

りんご、玉ねぎ、キャベツ、セロリは薄切りにして、薄く塩をする。干しぶどうはお湯に浸け柔らかくしておく。全部を一緒にし、油とお酢が半々ぐらいのドレッシングで和える。

焼きりんご

最近はバター、砂糖、生クリームなどといいますと、健康によくないとなりますが、時々やたらに食べたくなることがあります。食べたくなるのは体が欲している証拠、などと屁理屈をつけて作って食べてしまいます。

作り方

紅玉りんごは底が抜けないように芯をくりぬく。干しぶどうはラムなどの酒に漬けておく。りんごの穴に、砂糖、バター、干しぶどう、シナモンを詰める。

りんごをアルミ箔で覆い、オーブンで焼く。

生クリームを添える。

青いパパイヤサラダ

息子の友達のタイ人の方が経営しているタイ料理店で最初にパパイヤサラダを食べた時は、あまりのおいしさに感動しました。それまで、パパイヤというのは、黄色い果物だと思っておりましたので、びっくりしました。

青いパパイヤなどという物は見たこともありませんでしたが、突然、南の国の果物が日本の軽井沢の八百屋で目の前に出現しました。その八百屋さんは自分の畑で独自の方法で作った野菜を売っているお店で、その特殊な栽培耕法で沖縄で青いパパイヤを栽培してもらっているとのことでした。さっそく買って見よう見まねでパパイヤサラダを作ってみるとまあまあの出来でした。時々作ります。

どこかで何かおいしい物を食べると、すぐ自分で作ってみたくなるのが私の悪い癖で、外食の楽しみを減らしていっているようです。

作り方

パパイヤと青唐辛子は千切り、ピーナッツはみじん切り、香草はざく切り。
パパイヤに塩をして水気を搾る。
酢、砂糖、ライム汁、魚醤（ナンプラーなど）で全部和える。

インドネシア風焼き鳥

エスニックのレストランがちらほらでき始めた頃、都心から離れた鶴川の辺りにもインドネシア料理のレストランができました。ラグビーの試合でインドネシアに行ってインドネシア料理を食べたことのある息子が連れて行ってくれました。その時に食べたお料理です。

サンバルという辛いソースもおいしく、病みつきになりました。作り方を教わって来て、今でも時々作ります。インドネシアにいたことがあるというマダムと日本語がほとんどできないウェイトレスの女性が切り盛りしていましたが、いつの間にかお店はなくなってしまいました。

作り方

鶏もも肉を適当な大きさに切り、醤油、メープルシロップ、塩、胡椒、豆板醤、にんにく、エスニックな調味料（ナンプラーなど）に漬けておく。それを串に刺して焼き鳥のように焼く。

ピーナッツバター、醤油、みりん、メープルシロップ、サンバル（辛味調味料）などを混ぜたたれをつけて食べる。

青いパパイヤ入りパスタ、生ハムのせ

突然思いついて作りました。パパイヤを固めに茹でると歯ごたえが楽しめます。

作り方

パパイヤは千切りにして茹でてから、塩胡椒で味をつける。
生ハムは仕上げに飾る分をとっておき、残りを細かく切る。
スパゲティを茹で、切った生ハムとパパイヤと和える。上に生ハムを飾る。

大昔ロンドンで食べたのが最初です。パサパサでおいしくないと、父の友人のクレアおばさんに言ったところ、おいしいのを食べさせてくれました。パサパサのを食べたままだったら、二度とタンドリーチキンは食べなかったと思います。他にも一度食べてまずいと決めつけ、本当はおいしいのに食べなくなってしまった物があるかと思うと残念な気がします。

作り方

骨付き鶏もも肉を三つぐらいに切り、ヨーグルト、にんにく、生姜、ターメリック、クミン、チリパウダーなどに漬けておき、焼く。味つけは塩胡椒で。サンバルソースを添えました。

鶏のもも焼き タンドリーチキン風

リゾット

本などで見ますと、リゾットは米を炒めたあと水分を一度に入れて、とありますが、ずっと以前に私が教えていただいたのは、このように少しずつ水分を足していくやり方でした。いまさら慣れたやり方を変えられないのでこのようにしています。

作り方

米は研がないでオリーブオイルで炒める。米が透き通ってきたら、スープをちょっとさす。水分がなくなったら、またスープをさす。これを繰り返し、びちゃびちゃしてきたら、きのこ類とアスパラガスを適当な長さに切って加え、炒める。

塩胡椒してパルメザンチーズをふる。

生ハムを飾る。

バナナの生ハム巻き

最近は生ハムが簡単に買えるようになりました。バナナの甘みとコニャック、生ハムの取り合わせが好きです。

作り方

バナナの皮を剝き、溶かしたバターをまぶして、胡椒をふり、生ハムを巻く。

オーブンで焼き、コニャックをかけて火をつけてアルコールを飛ばす。

トマトのスープ

トマトの出盛りの時ですと、甘くておいしいスープです。ちょっと買い過ぎて、柔らかくなり過ぎたのなど最適です。

作り方

鍋にバターを溶かし、完熟のトマトを手でちぎりながら入れ、混ぜる。木べらで切るようにして混ぜ、ぐちゃぐちゃになったら裏漉しする。鍋に戻し、塩胡椒で味をつけ、牛乳で好みの濃度にのばす。

クレープグラタン

両親はこのようなお料理が大好きでした。二人とも健康に悪いなどということは一切考えたことはなく、食べたい物を、食べたいだけ食べていました。我慢しないのが健康の秘訣だと、自分達に都合のよいように考えていました。寝たきりにならない秘訣だったのかもしれません。

作り方

クレープを焼いておく。ホワイトアスパラガスは茹でるか、缶詰のものを適当に切る。ハムはみじん切り。ホワイトソースに塩胡椒をし、おろしチーズを混ぜる。それをクレープに広げ、ハムとアスパラガスをのせて巻く。バターを引いた耐火の器に並べ、生クリームをかけ、粉チーズをちらし、オーブンで焼く。

パルメザンチーズの煎餅
フォアグラのせクラッカー

設計の仕事でしばしばイタリアに行く友人がいます。イタリアに行く度にパルメザンチーズの塊をお土産にくださいます。パルメザンチーズにも、琉球の泡盛や近江のフナずしのように、年代物があることを初めて知りました。本当においしいです。よい友人を持ったものです。

作り方

パルメザンチーズはすりおろして、ワックスペーパーに薄く広げ、電子レンジで加熱して溶けてパリパリになるまで焼きます。つきっきりで見ていないと焦げてしまいます。缶詰のフォアグラは適当な大きさに切り、クラッカーにのせ、コニャックに漬けておいた干しぶどうをあしらいました。

キヌアサラダ

私は最近までキヌアという食べ物を知りませんでした。教えてくれたのは、若い友人で、何しろ食感がよいので食べてみろとのことでした。早速買って来て、お湯に浸けてもどしてみると、小さなドーナツのような形をしていて、それ自体にあまり味はありません。南米産の植物の種だそうです。スープなど様々なものに使えます。

作り方

キヌアはお湯でもどす。好みの野菜を入れて、ドレッシングで和える。紫玉ねぎスライス、ルッコラ、木の実、豆類、ミニトマトなどなんでも。

ホタテのクリームソースがけ

　両親が存命の頃、牡蠣などでもよく作りました。父はこの料理を作ると、判で押したように、シャンペンを飲みたがりました。彼のやり残したことは、夜明けまで遊んで、明け方にオムレツを食べながら、シャンペンを飲むことでした。となりに美人がいれば言うことはないなどと、夢のようなことを言っておりました。やってられません。

作り方

鍋にバターを入れ弱火で熱し、みじん切りにした玉ねぎを焦がさないように炒め、半分の厚さに切ったホタテをさっと焼き、取り出しておく。玉ねぎのみじん切りは残したままの鍋に白ワインを足して煮立て、生クリームを加えてソースを作る。別の鍋に生のトマトをみじん切りにして火を入れ、塩胡椒で味をつけ、皿に薄く敷く。ソースをかけパセリを飾る。トマトの上にホタテを並べ、ソースをかけパセリを飾る。

野菜たくさんと豚肉の煮込み

寒い日などに煮込み料理を作り、家中に匂いが充満すると、幸せな気分になります。柄にもなくおとぎ話の主人公のような気分にも浸れます。よく煮込み料理には玉ねぎのみじん切りというものが登場しますが、私は生来のせっかちのためかあまり好きではありません。最近玉ねぎスープというフリーズドライの商品が出ています。ある日、煮込みの玉ねぎのみじん切りが面倒で、同じことではないかと思い、フリーズドライ玉ねぎを放り込んでみましたが、大雑把な私としては、結構満足できる味でした。

作り方

豚肩ロースの塊は適当な大きさに切り、塩胡椒して鍋で焼いて取り出す。その鍋で玉ねぎのみじん切りを炒め、小麦粉をふり、白ワインを入れ、ひと煮立ちしたら湯を注ぎ、豚をもどす。

煮立ったら弱火にして、塩胡椒し、トマトを生のまま入れ、好みの香辛料を加え、豚が柔らかくなるまで煮る。小玉ねぎ、人参、いんげん、茄子など好みの野菜に火を通しておいて、できあがりに加える。

トマトライス

フランス人はごはんをオーブンで炊きますが、アルデンテ（イタリア語ですが）と言ったって限度があるわい、といった炊きあがりですので、私は鍋で炊いています（リゾットと同じように、米だけを炒め、スープをさして炊き、済ましています）。「野菜たくさんと豚肉の煮込み」（110頁）と一緒に食べるとおいしいです。

作り方

玉ねぎのみじん切りを炒め、米を入れ、米が透き通るまで炒め、スープと適当な大きさに切ったトマトを加え、塩胡椒をして炊く。炊きあがったら、粉チーズ、パセリのみじん切りをふりかける。

高糖度のアメーラトマト。おいしいいただきもの。

ムース・オー・ショコラ

これも両親のお気に入りのデザートでした。体に悪そうです。

作り方

生クリームと砂糖を混ぜて、湯煎にして、ビターチョコレートとバターを入れて溶かす。冷まして卵黄を加える。冷えたら卵白をかたく泡立てたものを、さっくりと混ぜ、さらに冷やす。

上／牧山邸の庭に実を付けたキイチゴ類。5月。下／武相荘の母屋をバックに咲くヤマアジサイ。6月初旬。

上／正子の好きだったテッセン。武相荘には数種のテッセンがある。6月。下／4月には散策路のあちこちにキンランが咲く。
白い花をつけるギンランは少しだけ時期が早い。

道具好き

人は、妙なところが親に似るものだと思いますが、私の場合は父親に似たのでしょうか、道具や機械が大好きです。

私の独身時代には、洋服を買ってくれと言うよりも、電動の台所道具をおねだりする方が、ずっと簡単でした。

台所道具は次から次へと新しいものが発売されます。道具好きの私はいろいろとおねだりして手に入れたのですが、かなりのものは、使いこなすまでいきませんでした。

その道具の力を過信して、実力以上の成果を期待した結果であると反省しています。

また、当時は使っていても、最近使わなくなった道具もあります。

それには、さまざまな理由があるのですが、たとえば、電動の製麺機です。スパゲティやうどんなどの麺類は、かつては自分で麺を捏《こ》ねるか、都内の有名店にでも買いに行かなければおいしいものは食べられませんでした。しかし今ではおいしい麺が比較的簡単に手に入るようになりました。そのため、父に買ってもらったこの道具は、最近登場しなくなりました。

いまや、インターネットの普及や流通の発達などによって、いくらでもおいしい食材が手に入る時代になりました。それでも敢えて、自分の手を煩わせて作る、というのは、他人の称賛を期待するのと、自己満足のためのように思えます。

母は「手作り」という言葉が嫌いでした。なぜ嫌いなのか訊いたことはないのですが、私と同じように、その言葉や行為の中に他人の称賛を期待する心が潜んでいるのを、嗅ぎ取ったからかと思われます。

私は、パン焼き器が大好きです。夜タイマーをセットしておくと、朝起き出す頃に、家中にパンの焼ける匂いが漂います。これは何度経験しても良いものです。

でも人によりますが、そのパンを食べた後で、パン焼き器で焼いたのだと言いますと、深い失望の色が顔をよぎるのを何度も見たことがあります。私は単純に、おいしいのならそれでよいと思うのですが。

同じく便利だなと思って使っているものに、炊飯器があります。現代の生活では論外とはいえ、ぶ厚い木の蓋の昔ながらのお釜を使って薪でごはんを炊けば、確かにその方がおいしく炊けるとは思います。しかし、炊飯器は炊ける時間を予約できたり、夜に炊いたごはんが朝まで温かかったり、薪で炊く時のように火加減を気にしなくてもよかったりします。

また、ごはんを炊いている間に他のこともできるのは、大い

曾じいさんの次郎がこしらえた竹のしゃもじを使って、姉妹で協力しながら、お櫃からごはんを茶碗につける桃子ちゃん（右）と芭子ちゃん。

いずれも使い込んできた道具。右上／すり鉢と山椒の木のすりこぎ。左上／樺山家伝来、年季の入った重たい卵焼き器。右下／出刃、柳刃、栗剥き、じゃがいもの芽取りなど著者愛用の包丁類。樺山家伝来のもの、正子が京都で定宿にしていた「佐々木」から譲ってもらったものなど。結婚時から使い続け、研ぎに研いで刃が短くなった。左下／檜の一枚板のまな板もたくさんある。大きさも様々。

なる長所です。

かつて私の育った家では、お釜を使って七輪で炊いたごはんをお櫃《ひつ》に移し、冬は冷めないように毛布でくるんでいました。

私が結婚する時には、道具好きの父が、銅のお釜と「たる源」のお櫃を買ってくれました。しかし、道具を使うには、使う方も道具に認めてもらえないと使いこなすことはできません。当時、料理もろくにできない私には、荷が重すぎたようです。

炊飯器でごはんを炊くようになっても、お櫃にごはんを移すのは続いていましたが、両親が二人だけで暮らすようになり、食事の時間が一定したので、お櫃が毛布でくるまれることはなくなりました。

一度テーブルに座ったら、二度と立ちたくない私は、食卓に炊飯器を置くのも嫌なので、やっぱりお櫃にごはんを移しています。

お櫃からごはんをお茶碗につけるのは、二人の孫達の仕事になりました。お櫃には、私の両親の面倒を長い間見てくれた長坂さんが縫ってくれた刺子のふきんが今でもかけてあります。孫達が小さな手でそのふきんをとり、彼女らの曾《ひい》じいさんが作り残していった竹のおしゃもじを使ってごはんをつけるのを見ていると、時の流れを感じます。

最初は便利だなと思っても、どうしても感覚的に合わず、使わなくなったものもあります。

最近使わなくなったものに、焦げつかない加工をしてあるフライパンや鍋があります。生来のせっかちで、つい強火にしたくなり、その加工を駄目にしてしまったり、洗剤をつけて洗っても、油分がすっきりと落ちなかったりすることも理由ですが、使っている間に何かが溶けて出てくるような気がしはじめたからです。そのうえ、使い捨てにせねばならないことにも心が痛みます。

ちなみに、同じ加工がしてあるアイロンについては、こちらは衣類が焦げつかないので気に入って使っています。

もっとも、感覚的に合わないというのは、道具のせいではなく、使い手側の歳月が為す仕業なのでしょうか。

電子レンジでの調理も、圧力鍋での調理も、何かがすべて壊れてしまうような気がして、私は好きではありません。

もう一つ、感覚的に合わなくなって使わなくなったものに、

包丁がプラスチックのまな板に当たる感触が嫌になってきました。また何よりも、少しずつ減っていくまな板の粉は、どこへ行ってしまうのだろうと思い始めたら、急に嫌になり、ずっとしまってあった木のまな板を、また使い始めました。

木のまな板は、カンナで削ってもらったら、新品のようになりました。

同じような理由で、だんだん目が減っていく、プラスチッ

クのおろし金も使わなくなりました。

すりこぎも年々短くなっていくものです。私は夫の祖父が使っていた山椒の木のすりこぎを使っています。短くなった分の木の粉は、おそらく食べてしまっているのですが、擂った食品においしい味がつくようで、これは気になりません。

最近、武相荘にある実生の山椒の木が大きくなり過ぎて、枝を刈り込み、すりこぎにして武相荘のショップに置きましたところ、皆様が買ってくださり、何だかうれしくなりました。

このすりこぎの他に、私が使っている道具の中で、百年を越えているると思われるものもあります。母の実家で使われていたものもいくつかあり、その一つが卵焼き器です。木の柄は何度取り替えられたことでしょうか。母の実家にいた卵焼き名人の二代目が、お箸で手際よく卵焼きをひっくり返すのがうらやましくて、私は何度も試みていますが、同じ卵焼き器を使っているというのに、いまだに満足いくようには成功していません。

また、私の育った家にいつからあったのかわからないような、錫《すず》のじょうごがあります。これは、ある骨董屋さんから買ったものと聞いています。

母は生前、FAXで原稿を送ると、違うものになりそうで嫌だと言って、いちいち編集の方に取りに来ていただいておりました。そんな様子を見て、はた迷惑なことだと思っていましたが、どうやら私も同じ穴のムジナになったようです。

一方、便利の方が先に立って、感覚的なものを押しやってしまうものもあります。

フライパンに敷いて、食材を焼くホイルシートは、今までなかなかうまく焼けなかった魚の味噌漬けも上手に焼ける便利なものです。私は魚を焼く網を洗うのが大嫌いなので、洗わなくて済むのがなによりです。

アルミは熱を加えると微量溶け出し、体内に入ると脳に蓄積してアルツハイマーの原因になるというアメリカの記事を読んでしまったので、アルミホイルには抵抗があるのですが、やっぱり便利の方が先に立っています。

便利で大好きな鍋に、はかせ鍋とダッチオーブンがあります。

はかせ鍋は、早稲田大学の教授が考案された鍋で、これで肉というものは、煮込むと膨らむ物だと初めて知りました。

ダッチオーブンは肉のローストや煮込みなどに力を発揮します。そのまま食卓に出しても食器の中に溶け込みます。

残念ながら、はかせ鍋は、食卓に参加するには、いま一つです。

最近、焼きながら蒸気の出るオーブンのスチコン（36頁のヘルシオ）なるものを使い始めました。苦手だった茶碗蒸し右／15年来愛用しているダッチオーブン。蓋裏の突起によって鍋の中に水分が均等に落ちる仕組みの優れものだが、「機嫌を損ねると、どうにもうまくいかない」とか。下／パリで買った鉄製鍋。鶏１羽が丸ごと入る形、大きさ。煮ものに大活躍する。

最近見つけたお気に入りの卓上用焼き器。小ぶりのガスボンベを取り付けるだけ。本体が木製で食卓でも違和感がない。鉄板の形も愛らしい。肉も魚もこれでOK。

や、ローストチキンも、とてもおいしくできます。冷凍のごはんもおいしく解凍できます。

魚の塩焼きや、とうもろこしを焼くのは、サラマンダーというプロの使う焼き器が気に入っています。上火で焼くので、煙が出ません。ホイルシートで焼くのは、手軽なのですが、とうもろこしのようなものには向きませんし、少量しか焼けませんので、大きなお魚や、量が多い時に使っています。

食卓で焼きながら食べるのが好きです。鉄板焼きのようなものではなく、直火で焼くのが好きです。しかし隙間だらけの武相荘とは違って、炭火で肉など焼こうものなら、家中煙になってしまいます。

最近、良いものを見つけました。今度、これを使って、食卓でさんまを焼いてみようと思います。

食洗機も大好きです。心置きなく、食器がたくさん使えるようになりました。唯一の欠点は、お椀などの塗物には使えないことです。

したがって、とうとう味噌汁の椀も陶器になりました。

台所道具の話ではありませんが、私は風呂掃除が大嫌いで、二十四時間風呂が発売された時は、地獄に仏と飛びついて、とても満足しています。

ではそうかといって、便利なものを使ってできた時間を有効に使っているかというと、昼寝の時間が増えただけのようです。また、人間に本来備わっているべき、感覚も失われていくようにも思えます。

私が小さかった頃は、鶴川の家にはガスも水道もなく、台所の外に、父が作った木の台の上に七輪を数個並べて、煮炊きをしておりました。

その台の向う側に掘抜き井戸があり、お米を研いだり、野菜を洗ったりしておりました。冬の寒い時や蚊の多い夏以外は、素晴しい外のキッチンでした。でも、すべての鍋の底は、直火のために真黒でした。

その掘抜き井戸も、公団住宅の造成のため水脈が変わったせいでしょうか、涸れてしまいました。

日に日に水の出が細っていく吐水口を眼前に、あたかも生命が消えていく過程を見ているような寂しさを感じたのも、憶えています。

やがて、鶴川の家にも水道やプロパンガスが引かれ、井戸のことなど長い間すっかり忘れておりましたが、先日、二つある井戸から水がまだ出ることが、その井戸を掘ってくれた人の息子さんの手によって判明しました。水質検査もしましたが、とても良い水だそうです。

夏には、数十年振りに井戸で西瓜を冷やして食べました。

ともあれ、台所で道具を楽器に見立て、オーケストラの指揮者を気取って過ごすのが、私は大好きです。

桂子流料理のコツ

私には、お料理の先生のように、自分流の料理を工夫して編み出したり、それを人様に教えたりする能力は、まったくありません。

学問、スポーツ、音楽などのあらゆる分野で、生まれながらの才能に恵まれている人達がいます。料理の才能も同じだと思います。

かなり以前の話ですが、京都のある有名料亭の息子さんは、十二、三歳の頃から、当時は仕出し料理が主であった高級旅館に大人の料理人を引き連れて、お客様の目前でお刺身などを器用に調理し、大評判となったそうです。

同じような逸話が、著名な華道家の少年時代にもあったそうです。古い都の伝統の産物でしょうか。

私は音楽の稽古をしていますが、一人でベッドの上で楽しむのが関の山です。料理も同じようなものです。才能があるというのと、一生懸命やるというのは、まったく違うもので、私は後者ですが、自分自身を前者と誤解しないようにしたいと思います。

人は各自おいしいと思うものが違い、どなたでもそうでしょうが、自分のおいしいと思うものを作って食べたいと思います。

食べ物の好みが同じだと、他のことでも気持ちが合うように思えます。でも人様に自分の好みを押しつける気持ちはありません。

結婚するまで、ろくすっぽ料理などできなかった私は、料理の本と首っぴきで、他のことはだらしないくせに、書いてある材料や分量をきっちり本のとおりにしないと気が済まず、食事の仕度の最中に、足りないものを買いに行ったりすることもしばしばでした。

足りない物は他の物で代用したり、味を見ながら料理をしたりするようになったのは、何年も経った最近のことです。

一時期は、それまでの料理をしなかった空白を埋めるように、自分の分を越えた難しい料理に挑戦して、自己満足に浸っていましたが、そのような料理は素人の作るものではないと、自覚いたしました。

しかし、外食をしておいしいと思った料理を家へ帰って作ってみたいという欲望は抑えられないので、その結果、食べに行くお店が減っていくという事態になり、自分の首をしめることとなって、楽しみが少なくなってしまいます。いずれにしても、まずくて、高くて、素人レベルで、主人が変な顔をしているところには、食べに行きたくありません。

私はてんぷらを上手に揚げることができず、お昼に素麵やお蕎麦を食べるたびに、ちょこちょことてんぷらを上手に揚げる友人を羨ましいと思うことがしばしばありました。揚げて売っているてんぷらは、衣が厚くて気に入らず、何とかしたいと長年思っていました。

最近、よく行く近所のお蕎麦屋さんで、てんぷらの作り方を聞きました。

目からうろことはこのことで、何のことはない、私のてんぷらは衣の卵の量が多かっただけだったのです。

それ以来、具材の散らない、かき揚げを作る道具などを購入して、楽しいてんぷらライフを送っています。

今、どうしても自分の気に入ったようにできないものに、出し汁があります。本を読んでその通りにやってみても、いくらやっても満足のいくものができず、私だけが知らないコツがあるのではないかとまで思います。そのうちに、てんぷらのように、天から啓示が降ってくるのを待っています。

コツなどとは言えませんが、なるべく洗い物を少なくするための調理順序や方法は常に考えています。
野菜や肉などを茹でる場合は、鉄製の中華鍋やフライパンを使えば、普通の鍋のように、洗剤を使って洗う必要もないうしています。
（タワシで洗い、乾いてから油をひくだけでよい）ので、そ
また、着古したTシャツなどを切っておき、新聞紙を敷いた上に広げ、足の付いた金網を置いて、揚げた物を油切りし、最後にその布で鍋をふいたりしています。それを捨てる時も、最後まで物を使い切って無駄にしなかった、という満足感があります。

家庭の食事は、お店のそれとはまったく別のもので、おいしければ良いというものではありません。色々な情報が耳から入って来るためか、塩分、糖分や油、食物の安全などが気になります。

困ったことに、油や塩気の強い食事はとてもおいしいものです。

時々は思い切って食べる事にしていますが、時々のせいか、とてもおいしく感じます。出し汁を濃くすることで、煮ものなどはかなり塩分を減らすことができます。

梅干しも、あまり塩分を減らしたらカビが生えて、嫌気がさし、ある年から作るのをやめてしまいました。梅干しは毎年漬けているのを突然やめると、よくないことが起ると聞いたことがあり、気になったのですが、幸せなことに何も起りません。

油は、煮込みなどを作ったあと一晩冷蔵庫に入れ、固まっ

た油を取り除くことくらいしかできません。

私には、おふくろの味とか、代々その家に伝わって来た料理の味のようなものはほとんどありませんので、外食した時においしいと思ったものや、テレビや雑誌などで見て、おいしそうだと思ったものは、すぐ作ってみることにしています。しかし今のところ、想像力が乏しいために、おふくろの味にも、我が家の特別のお料理にも、なっていません。

私の大好きな歯科医のI先生が、タクシーの運転手さんから聞いたといって話してくださったのですが、女性には、掃除型と料理型があるそうです。私は明らかに後者です。一日のうちのかなりの部分で、食べるもののことを考えています。

ちょっと気を抜くとカビが生えたり、留守にする時に誰かに預けたりして幼児のように手がかかるため、糠味噌《ぬかみそ》には長い間手を染めていませんでしたが、最近、復活させました。これも年齢でしょうか。

それまで、密閉容器に入れてぴったり蓋をしておけば味が変わらないとか、さまざまな意見が耳に入って来ましたが、何かしっくり来ませんでした。

とりあえず、前に使っていた甕《かめ》を出して来ました。糠床を作り、漬け始めたところ、若い時のキリキリしていた時と違って、私も年齢なりにアバウトになっていることに気がつきました。数日留守にする時も、糠床の上にチャッチャッと塩をふり、冷蔵庫に入れておけば、あまり味が変わらないということがわかりました。

著者の糠床。手はかかるが、おいしい糠漬けは諦められない。

また、以前は流しの下に入れるなど、置き場所に苦労していましたが、ちょっと邪魔ではあるけれど、調理台の上にいつも出しておくと、取り出す手間が省け、手入れが億劫でなくなりました。流しの下の扉を開け、しゃがんで糠床の甕を取り出すだけのことが、毎日のことになると、とても面倒なことだったのだと、今になってわかりました。

不思議なことに、味の上下が激しかった以前にくらべて、私のおだやかになった気持ちを反映するかのように、いつもおいしく漬かるようになりました。

白洲次郎・正子　略年譜

武相荘にて、左から白洲次郎、秩父宮妃、正子、著者、長男の龍太。

白洲次郎（しらす・じろう　1902−1985）

1902年2月17日、父白洲文平、母芳子の次男として兵庫県芦屋に生まれる。祖父退蔵は三田藩の家老で、父は綿貿易で財を築いた。旧制第一神戸中学校（現兵庫県立神戸高等学校）を卒業後、イギリスのケンブリッジ大学クレア・カレッジに留学、9年を過ごす。帰国後の29年、樺山正子と結婚。日本水産の取締役に就任してイギリスを頻繁に訪れ、当時駐英大使だった吉田茂と親交を深める。42年、戦争による食糧難を見越して東京郊外の鶴川村に転居、農業を営む。終戦直後、吉田外相の要請で終戦連絡中央事務局参与に就任、日本国憲法誕生の現場に立ち会うなど、GHQとの折衝の矢面に立ち、「従順ならざる唯一の日本人」といわれる。第2次吉田内閣で貿易庁長官を務め、のちに東北電力会長、大沢商会会長などを歴任。晩年は軽井沢ゴルフ倶楽部の運営に情熱を傾けた。85年11月28日、83歳で死去。遺言書は「葬式無用　戒名不用」の2行のみ。

白洲正子（しらす・まさこ　1910−1998）

1910年1月7日、父樺山愛輔、母常子の次女として東京市麹町区に生まれる。父方の祖父資紀は薩摩藩出身の軍人で海軍大臣、台湾総督などを歴任。母方の祖父川村純義も鹿児島出身の海軍大将。父は貴族院議員で実業家としても活躍。幼い頃から能を梅若六郎（のちの二世梅若實）に習い、14歳で女性として初めて能舞台に立つ。学習院女子部初等科を修了後、アメリカのハートリッジ・スクールに入学、4年後卒業し帰国、白洲次郎と結婚、2男1女を得る。古典文学に親しみ、小林秀雄、青山二郎などの影響で骨董に傾倒。43年、初の著書『お能』刊行。56年から15年間銀座の染織工芸店「こうげい」を経営、古澤万千子や田島隆夫ら多くの工芸作家を見出す。64年、『能面』で読売文学賞受賞。72年、『かくれ里』で再び読売文学賞受賞。その後も『十一面観音巡礼』『日本のたくみ』『西行』『両性具有の美』など旺盛に執筆活動を続けた。98年12月26日、88歳で死去。

＊本書は書き下ろし、撮り下ろしです。

協力●旧白洲邸 武相荘、青柳恵介

撮影●青木登（新潮社写真部）

ブックデザイン●中村香織

シンボルマーク●nakaban

次ページ／
東京・鶴川の旧白洲邸 武相荘の一角にオープンしたバー。
若き日の白洲次郎・正子夫妻の写真が壁を飾る。

とんぼの本

白洲《しらす》家《け》の晩《ばん》ごはん

発行　2015年9月15日
2刷　2025年3月25日

著者　牧山桂子《まきやまかつらこ》
発行者　佐藤隆信
発行所　株式会社新潮社
住所　〒162-8711 東京都新宿区矢来町71
電話　編集部 03-3266-5381
読者係 03-3266-5111
ホームページ　https://www.shinchosha.co.jp/tonbo/
印刷所　大日本印刷株式会社
製本所　加藤製本株式会社
カバー印刷所　錦明印刷株式会社

ISBN978-4-10-602262-3 C0377

Masako Shirasu